VÉGSŐ FRANCIA EKLÉR ÚTMUTATÓ

Az Ön teljes útmutatója a francia eklér készítéséhez otthon

Sára Pataki

Copyright Anyag ©2024

Minden jog fenntartva

A kiadó és a szerzői jog tulajdonosának megfelelő írásos beleegyezése nélkül ennek a könyvnek egyetlen része sem használható fel vagy továbbítható semmilyen formában vagy módon, kivéve az ismertetőben használt rövid idézeteket. Ez a könyv nem helyettesítheti az orvosi, jogi vagy egyéb szakmai tanácsokat.

TARTALOMJEGYZÉK

TARTALOMJEGYZÉK 3
BEVEZETÉS 7
TÜKÖRÜVEZETŰ SZÍNEK 8

   1. Tükörmázas Eggnog Eclairs 9
   2. Galaxy Mirror mázas fehér csokoládé Eclairs 13
   3. Színes Eclairs tükörmázzal és homokmorzsával 16
   4. Tükörmázas fehér csokoládé Eclairs 19
   5. Eclairs rózsaszín tükörmázzal 22
   6. Csokoládé mogyorós tükörmázas Eclairs 25
   7. Málnás Citromos Tükörmázas Eclairs 28
   8. Kávé karamell tükör mázas Eclairs 31
   9. Matcha fehér csokoládé tükör mázas Eclairs 34

CSOKOLÁDÉS ECLAIRS 37

   10. Karamell csokoládé Eclairs 38
   11. Csokoládé eclairs pudingos töltelékkel 40
   12. Csokoládé Grand Marnier Eclairs 43
   13. Fagyasztott csokoládé menta eclairs 47
   14. Mini csokoládé Éclairs 50
   15. Jello vanília puding Eclairs 52
   16. Cookie-k és Cream Éclairs 54
   17. Csokoládé mogyorós Eclairs 57
   18. Mentás csokoládé Eclairs 60
   19. Fehér csokoládé málna Eclairs 63
   20. Sötét csokoládé narancs Eclairs 66
   21. Fűszeres mexikói csokoládé Eclairs 69
   22. Mogyorós praliné csokoládé Eclairs 72
   23. Crème Brûlée Chocolate Éclairs 75
   24. Gluténmentes csokoládé Eclairs 78
   25. Csokoládé és sózott karamell Éclairs 81
   26. Pralinéval töltött csokoládé Éclairs 84
   27. Csokoládé pisztácia Éclairs 87
   28. Chocolate Mousse Éclairs 90

GYÜMÖLCSÖS ECLAIRS 93

    29. Málna-barackos mousse Eclairs 94
    30. narancs Eclairs 98
    31. Passion Fruit Eclairs 101
    32. Teljes kiőrlésű, gyümölcsös Eclairs 104
    33. Passiógyümölcs és málna Éclairs 107
    34. Eper és krém Eclairs 111
    35. Vegyes bogyós eclairs 114
    36. Málnás és citromos habcsók Eclairs 118
    37. Málnás és tejcsokoládé Eclairs 121
    38. Red Velvet Chocolate Raspberry Eclairs 124
    39. Banánkrémes pite Eclairs 127
    40. Strawberry Cream Éclairs 130
    41. Mango Passionfruit Éclairs 133
    42. Lemon Blueberry Éclairs 136
    43. Málnás mandula Éclairs 139
    44. Ananászos kókuszos Éclairs 142
    45. Vegyes bogyós és citromhéjas Éclairs 145
    46. Peach Ginger Éclairs 148
    47. Blackberry Lemon Éclairs 151
    48. Kiwi Coconut Éclairs 154

DIÓS ECLAIRS 157

    49. Csokoládé mandulás makaróni Eclairs 158
    50. Pisztácia citrom Éclairs 161
    51. Juharmázas Eclairs dióval 166
    52. Málnás pisztácia Eclair 169
    53. Csokoládé és mogyorós Eclairs 172
    54. Mogyoróvajas csokoládé Eclairs 175
    55. Mandula Praliné Éclairs 178
    56. Walnut Maple Éclairs 181
    57. Pisztácia rózsa Éclairs 184
    58. Pekándió Caramel Éclairs 187
    59. Macadamia fehér csokoládé Éclairs 190

FŰSZERES ECLAIRS 193

    60. Maple Pumpkin Eclairs 194

61. Cinnamon Spice Éclairs 197
62. Kardamom Éclairs 200
63. Mézeskalács Éclairs 203
64. Szerecsendió Infúzió Éclairs 206
65. Chai Latte Éclairs 209
66. Fűszeres narancshéj Éclairs 212

CANDY ECLAIRS 215

67. Mogyoróvaj Cup Eclair 216
68. Sós karamell Eclairs 219
69. S'mores Éclairs 223
70. Borsmenta Eclairs 225
71. Toffee Crunch Éclairs 228
72. Vattacukor Éclairs 231
73. Rocky Road Éclairs 234
74. Bubblegum Éclairs 237
75. Sour Patch Citrus Éclairs 240
76. Éclairs édesgyökér szerelmesei 243

KÁVÉ ÍZESÍTÉSŰ ECLAIRS 246

77. Cappuccino Eclairs 247
78. Tiramisu Eclairs 249
79. Mocha Eclairs 252
80. Espresso Bean Crunch Éclairs 255
81. Ír kávé Éclairs 258
82. Vanilla Latte Éclairs 261
83. Caramel Macchiato Éclairs 264
84. Mogyorós kávé Éclairs 267

SAJTÓS ECLAIRS 270

85. Áfonya sajttorta Éclair 271
86. Gouda mázas Eclairs 274
87. Raspberry Swirl Cheesecake Eclairs 277
88. Csokoládé márvány sajttorta Eclairs 280
89. Sós karamell sajttorta Eclair 283
90. Pisztácia praliné sajttorta Eclairs 286
91. Kókuszos krémsajttorta Eclairs 289

92. Eper-túrótorta Eclairs 292
93. Citromos sajttorta Eclairs 295

ECLAIR INSPIRÁLT RECEPTEK 298

94. Banán eclair croissant 299
95. Krémfelfújások és Éclairs Ring Cake 301
96. Csokoládé mandula Croissant Éclairs 304
97. Csokoládé Éclair bárok 307
98. Csokoládé Eclair torta 309
99. Pisztácia rózsa Éclair torta 311
100. Maple Bacon Éclair Bites 314

KÖVETKEZTETÉS 317

BEVEZETÉS

Utazás az "ULTIMATE FRANCIA EKLÉR ÚTMUTATÓ"-hoz, amely átfogó utazása a gyönyörű francia éclaire elkészítésének művészetébe a saját konyhája kényelmében. Ez az útmutató a finom, süteménytökéletesség ünnepe, ami az éclair – egy alapvető francia csemege, amely eleganciájával és eleganciájával rabul ejti. Csatlakozzon hozzánk egy kulináris kalandra, amely feltárja ezen ikonikus sütemények elkészítésének titkait, és elhozza otthonába a francia cukrászda kifinomultságát.

Képzeljen el egy konyhát, amely tele van a frissen sült éclaire csábító illatával, a ropogós tészta suttogásával és a zamatos töltelékek várakozásával. Az "ULTIMATE FRANCIA EKLÉR ÚTMUTATÓ" nem csupán receptkészlet; ez egy utazás a choux tésztamesterség, a dekadens töltelékek és az üvegezés finom művészetének világába. Legyen szó tapasztalt pékről vagy szenvedélyes házi szakácsról, ezek a receptek és technikák úgy lettek kialakítva, hogy végigvezetik Önt az autentikus francia éclaire elkészítésének lépésről lépésre történő folyamatán.

A klasszikus csokoládé-éclaire-től az ötletes, gyümölcsös változatokig, és a selymes cukrászkrémes töltelékektől a fényes mázakig minden recept az éclairs által kínált sokoldalúság és kifinomultság ünnepe. Akár különleges alkalomnak ad otthont, akár egyszerűen párizsi eleganciára vágyik, ez az útmutató az útlevél a pékségminőségű éclaire elkészítéséhez saját konyhájában.

Csatlakozz hozzánk, miközben felfedezzük az éclair kézműves alkotások fortélyait, ahol minden alkotás a precizitásról, az ízről és a finomságról tanúskodik, amely meghatározza ezeket az ikonikus süteményeket. Tehát, vegye fel kötényét, ismerje meg a choux művészetét, és induljon egy kulináris utazásra az "ULTIMATE FRANCIA EKLÉR ÚTMUTATÓ" segítségével.

TÜKÖRÜVEZETŰ SZÍNEK

1.Tükörmázas Eggnog Eclairs

ÖSSZETEVŐK:
TOJÁSHAB:
- 100 g tej
- ½ vaníliarúd
- 3 tojássárgája
- 40 g cukor
- 3 és fél lap (6 g) zselatin
- 150 g tojáslikőr
- 200 g tejszínhab
- Étcsokoládé ropogós gyöngy (pl. Valrhona[1])

HORMÁG:
- 125 g vaj
- 85 g porcukor
- 35 g mandula
- 42 g felvert tojás (1 kis tojás)
- 210 g 550-es típusú liszt
- 1 csipet só

GANACHE:
- 65 g tejszín
- 40 g 70%[1] borítás, apróra vágva vagy kalács
- 26 g 55%[1] borítás, apróra vágva vagy kalács
- 120 g hideg tejszín

FÉNYES MÁZ:
- 190 g tejszín
- 200 g cukor
- 70 g víz
- 80 g glükózszirup
- 80 g sötét sütőkakaó
- 6 lap (16g) zselatin

ÖSSZESZERELÉS:
- Sötét és bronz ropogós gyöngy

UTASÍTÁS:
TOJÁSHAB:
a) A zselatint jéghideg vízbe áztatjuk.
b) Egy kis serpenyőben felforraljuk a tejet egy hasított vaníliarúddal.
c) Egy külön tálban keverjük ki a tojássárgáját a cukorral, majd keverés közben adjuk hozzá a forró vaníliás tejet.
d) A keveréket visszaöntjük az edénybe, és keverés közben 82-85 Celsius fokra melegítjük.
e) A tűzről levéve feloldjuk a tejszínben a beáztatott zselatint, majd hozzákeverjük a tojáslikőrt.
f) Szűrjük le a keveréket, és forgassuk bele a tejszínhabot.
g) Töltsön meg egy eldobható csőzsákot a tojáslikőr habbal, és vágjon le egy kis hegyet.
h) A Fashion Eclairs forma tíz mélyedését félig töltse meg a habbal, adjon hozzá csokoládéroppanós gyöngyöt, és fedje be egy újabb réteg mousse-szal.
i) Simítsuk ki, és fóliával letakarva fagyasszuk le.

SORTHRUG:
j) A porcukrot és a vajat krémesre keverjük.
k) Hozzáadjuk az őrölt mandulát, a sót és a lisztet, majd a felvert tojással sima tésztává gyúrjuk.
l) A tésztából téglát formázunk, fóliába csomagoljuk, és 1 órára hűtőbe tesszük.
m) A sütőt előmelegítjük 180°C-ra.
n) Lisztezett felületen nyújtsuk ki a tésztát 3 mm vastagságúra, és vágjunk ki tíz keskeny és tíz széles csíkot a mellékelt Fashion Eclairs formából.
o) A csíkokat sütőpapírral bélelt tepsire helyezzük és aranybarnára sütjük (kb. 12 perc).
p) A ropogós omlós tészta csíkokat fém kekszformában tároljuk másnapig.

GANACHE:
q) Forraljunk fel 65 g tejszínt, és öntsük rá a finomra vágott csokoládébevonatot (vagy csokit).
r) Hagyjuk állni egy percig, majd botmixerrel emulgeáljuk.
s) Adjuk hozzá a hideg tejszínt és jól keverjük össze.

t) Fedjük le a ganache felületét alufóliával, és tegyük hűtőbe egy éjszakára.

FÉNYES MÁZ:
u) A zselatint beáztatjuk.
v) Egy serpenyőben melegítse fel a cukrot, a vizet és a glükózszirupot 103 Celsius-fokra.
w) Hozzákeverjük a tejszínt és az átszitált kakaót.
x) A beáztatott zselatint feloldjuk a mázban, és botmixerrel turmixoljuk.
y) A mázat szitán átöntjük, fóliával letakarjuk, és egy éjszakára hűtőbe tesszük.

ÖSSZESZERELÉS:
z) A csokimázat cseppfolyósodásig melegítjük.
aa) Vegye ki az ekléreket a szilikon formából, és helyezze rácsra egy edény fölé.
bb) Öntse a csokoládé tükörmázat az eklérekre, ügyelve arra, hogy teljesen befedjék.
cc) Fogpiszkálóval óvatosan helyezze őket az omlós tészta széles csíkjaira.
dd) A ganache-t felverjük, és kis pöttyökkel simítjuk az ekléreket.
ee) Ropogós gyöngyökkel díszítjük.
ff) Kiolvasztás után azonnal tálaljuk.

2.Galaxy Mirror mázas fehér csokoládé Eclairs

ÖSSZETEVŐK:

AZ ECLAIR SHELLEKHEZ:
- 150 ml víz
- 75 g sótlan vaj
- ¼ teáskanál só
- 150 g univerzális liszt
- 4 nagy tojás

A GALAXY MIRROR LAZEHOZ:
- 8 lap (16g) zselatin
- 200 g fehér csokoládé, apróra vágva
- 200 ml édesített sűrített tej
- 300 g kristálycukor
- 150 ml víz
- 150 ml kemény tejszín
- Gél ételfesték (kék, lila, rózsaszín és fekete)

UTASÍTÁS:

AZ ECLAIR SHELLEKHEZ:
a) Melegítsd elő a sütőt 200°C-ra (390°F), és bélelj ki egy tepsit sütőpapírral.
b) Egy serpenyőben keverjük össze a vizet, a vajat és a sót. Közepes lángon addig melegítjük, amíg a vaj elolvad, és a keverék fel nem forr.
c) Egyszerre adjuk hozzá a lisztet, és egy fakanállal erőteljesen keverjük addig, amíg a keverék golyót nem kap, és elválik a serpenyő falától. Ez körülbelül 1-2 percet vesz igénybe.
d) Tegye át a tésztát egy keverőtálba, és hagyja hűlni néhány percig.
e) Egyenként adjuk hozzá a tojásokat, minden hozzáadás után jól keverjük össze. A tésztának simának és fényesnek kell lennie.
f) Tegye át a tésztát egy nagy, kerek heggyel ellátott zsákba.
g) Csőzzön 4-5 hüvelyk hosszú csíkokat az előkészített tepsire, és hagyjon köztük elegendő helyet a táguláshoz.
h) Előmelegített sütőben 25-30 percig sütjük, vagy amíg az eclérek felfuvalkodnak és aranybarnák lesznek.
i) Kivesszük a sütőből és rácson hagyjuk teljesen kihűlni.

A GALAXY MIRROR LAZEHOZ:

j) A zselatinlapokat hideg vízbe áztatjuk, amíg megpuhul.
k) Egy hőálló tálba tesszük az apróra vágott fehér csokoládét és az édesített sűrített tejet. Félretesz, mellőz.
l) Egy serpenyőben keverjük össze a kristálycukrot, a vizet és a tejszínt. Közepes lángon, keverés közben addig melegítjük, amíg a cukor teljesen fel nem oldódik, és a keverék lassú tűzön forr.
m) Az edényt levesszük a tűzről, és beletesszük a megpuhult zselatinlapokat. Addig keverjük, amíg a zselatin teljesen fel nem oldódik.
n) A forró tejszínes keveréket a fehér csokoládéhoz és a sűrített tejhez öntjük. Hagyja állni egy percig, hogy a csokoládé felolvadjon, majd keverje simára és jól összeáll.
o) Osszuk el a mázat több tálba, és mindegyiket színezzük be különböző zselés ételszínekkel (kék, lila, rózsaszín és fekete), hogy galaxishatást keltsünk. Fogpiszkáló segítségével keverje össze a színeket minden tálban.
p) Használat előtt hagyja a mázat körülbelül 30-35°C-ra (86-95°F) lehűlni.

ÖSSZESZERELÉS:

q) Miután az eklér kihűlt, egy kis kerek hegy segítségével készítsen három lyukat minden eklér alján.
r) Töltsük meg az ekléreket a választott töltelékkel. Használhat tejszínhabot, cukrászkrémet vagy a kettő kombinációját.
s) Mártsa be minden eklér tetejét a galaxis tükörmázába, hagyja, hogy a felesleg lecsepegjen.
t) Helyezze a mázas ekléreket egy rácsra, hogy megszilárduljon, és a máz gyönyörű galaxis hatást kelt, ahogy lecsöpög.
u) Hagyja, hogy a máz teljesen megdermedjen.
v) Tálalja és élvezze lenyűgöző Galaxy Mirror mázas fehér csokoládé eclaireit!

3.Színes Eclairs tükörmázzal és homokmorzsával

ÖSSZETEVŐK:
SÜTEMÉNYHEZ:
- 8 uncia víz
- 4 uncia sótlan vaj
- ½ teáskanál kóser só
- 1 evőkanál kristálycukor
- 5 uncia szitált kenyérliszt
- 1 teáskanál opcionális vanília kivonat
- 4 nagy tojás
- Gél ételfesték (különböző színekben)

ECLAIR TÖLTÉSHEZ (VÁLASSZON 1-ET):
- 1 ½ adag vaníliás cukrászkrém
- 1 ½ adag csokoládés tésztakrém

TÜKÖRMÁZHOZ:
- 12 uncia fehér csokoládé chips
- 6 uncia nehéz tejszín
- Gél ételfesték (különböző színekben)

Homokmorzsához:
- ½ csésze graham keksz morzsa
- 2 evőkanál kristálycukor
- 2 evőkanál sótlan vaj (olvasztott)

UTASÍTÁS:
CHOUX PÜTEMÉNY:

a) Egy serpenyőben keverje össze a vizet, vajat, sót és cukrot. Közepes lángon addig melegítjük, amíg a vaj elolvad, és a keverék fel nem forr.

b) Vegyük le a serpenyőt a tűzről, adjuk hozzá az átszitált kenyérlisztet, és gyorsan keverjük addig, amíg sima tésztagolyót nem kapunk.

c) Hagyjuk kicsit kihűlni a tésztát, majd egyenként adjuk hozzá a tojásokat, minden hozzáadás után jól keverjük össze. A tésztának simának és fényesnek kell lennie.

d) Osszuk a choux tésztát külön edényekbe minden színhez, amelyet használni szeretnénk. Adjon néhány csepp zselés ételfestéket minden edénybe, és keverje addig, amíg el nem éri a kívánt színt.

e) Melegítsd elő a sütőt 200°C-ra (400°F). Egy tepsit kibélelünk sütőpapírral.
f) A színes choux tésztát az előkészített tepsire eclérekbe simítjuk. Használhat cukrászzacskót vagy levágott sarkú Ziploc zacskót.
g) Süssük 15 percig 200 °C-on, majd csökkentsük a hőmérsékletet 180 °C-ra, és süssük további 20-25 percig, vagy amíg az eklérek aranybarnák és felduzzadnak. Sütés közben ne nyissa ki a sütőt.

ECLAIR TÖLTÉS:

h) Készítsen vaníliás tésztakrémet vagy csokoládé tésztakrémet ízlése szerint.

TÜKÖRMÁZ :

i) Tegye a fehér csokoládédarabkákat egy hőálló tálba.
j) Egy serpenyőben addig hevítjük a tejszínt, amíg el nem kezd forrni. A forró tejszínt ráöntjük a fehércsokireszelékre, és hagyjuk állni egy percig. Addig keverjük, amíg a csokoládé teljesen fel nem olvad és a keverék sima lesz.
k) A mázat külön tálkákba osztjuk, és mindegyik edénybe zselés ételfestéket adunk a kívánt színek eléréséhez.

HOMOKmorzsa:

l) Egy kis tálban keverjük össze a graham kekszmorzsát és a kristálycukrot.
m) Adjunk hozzá olvasztott, sótlan vajat a keverékhez, és addig keverjük, amíg jól össze nem áll.

ÖSSZESZERELÉS:

n) Ha az eklér kihűlt, vízszintesen kettévágjuk.
o) Töltsön meg minden eklért a választott cukrászkrémes töltelékkel.
p) Minden eklér tetejét mártsuk a színes tükörmázba, hagyjuk, hogy a felesleg lecsepegjen.
q) Szórja meg a homokmorzsa keveréket az eklér mázas tetejére a további textúra és díszítés érdekében.
r) Hagyd a tükörmázat néhány percig megdermedni, és máris tálalható színes eclaireid tükörmázzal és homokmorzsával!
s) Élvezze a finom és színes eclairet!

4.Tükörmázas fehér csokoládé Eclairs

ÖSSZETEVŐK:
A PÜTEMÉNYKRÉMHEZ :
- 4 tojássárgája
- 380 gramm teljes tej (1 ¾ csésze)
- 100 gramm cukor
- 2 evőkanál kukoricakeményítő
- 2 evőkanál univerzális liszt
- 1 teáskanál vanília kivonat (vagy 1 vaníliarúd)
- Splash konyak vagy rum
- ½ csésze tejszín (felveréshez)

A CHOUX PASTRY-HOZ:
- 120 gramm teljes tej (½ csésze)
- 120 gramm víz (½ csésze)
- 120 gramm vaj (8½ evőkanál vaj)
- 145 gramm kenyér vagy magas gluténtartalmú liszt (1 csésze)
- 6 gramm só (0,2 uncia, 1 evőkanál kóser só)
- Körülbelül 6 egész nagy tojás

A MÁZHOZ:
- 200 gramm fehér csokoládé
- Választható ételfesték

UTASÍTÁS:
ELKÉSZÍTSÜK A TESZTÉKKRÉMET:
a) A tojássárgáját a cukorral habosra habosra keverjük.
b) Belekeverjük a kukoricakeményítőt és a lisztet.
c) A tejet és a vaníliát egy serpenyőben addig melegítjük, amíg el nem kezd forrni.
d) Adjuk hozzá a tej egyharmadát a tojássárgájához, hogy temperáljuk. Keverjük össze, és adjunk hozzá a tej további egyharmadát. Ezután adjuk hozzá az utolsó ⅓-et.
e) A folyékony tejet + a sárgáját visszaöntjük a serpenyőbe, és addig melegítjük, amíg a tejszín besűrűsödik.
f) Vegyük ki a serpenyőből egy tálba, és hűtsük le a tésztakrémet jeges fürdő fölött vagy hűtőben.
g) Amíg a tésztakrém hűl, a tejszínt kemény habbá verjük. Amikor a tésztakrém kihűlt, a tejszínhab felét hozzákeverjük, amíg össze nem áll. Ezután hajtsa be a maradék felét.

A CHOUX ELKÉSZÍTÉSE:
h) A tejet, a vizet, a sót és a vajat párolgásig melegítjük.
i) Egyszerre adjuk hozzá az összes lisztet és keverjük össze, hogy az összes hozzávaló összeálljon. Folytassa a főzést körülbelül 1 percig, hogy a felesleges nedvességet kivezesse.
j) Tegye át ezt a tésztát egy tálba. Várjon néhány percet, amíg kihűl, mielőtt hozzáadja a tojást.
k) Egyenként dolgozva adjunk hozzá minden tojást a tésztához, és verjük fel, hogy teljesen bekeveredjen. Amikor a tészta selymes, és súlya alatt leesik a kanálról, vegyük ki a tálból, és tegyük egy zsákba.
l) Használjon szilikon szőnyeget vagy sütőpapírt a serpenyőn, csípjen ki 15 cm-es szálakat. Legyen vékony, mert sütés közben felpuffadnak.
m) Süssük 360 °F-on (182 °C) körülbelül 30-35 percig, amíg a choux egyenletesen barna és enyhén ropogós lesz. Tedd őket hűtőrácsra kihűlni.

A MÁZ ELKÉSZÍTÉSE :
n) Olvasszuk fel a fehér csokoládét dupla bojlerben vagy mikrohullámú sütőben 30 másodperces sorozatokban. A csokoládé temperálása itt nem szükséges. Tartsa melegen, amíg készen áll az üvegezésre.
o) Töltse ki a Choux-t:
p) Fogpiszkáló segítségével készítsen két lyukat az eklér tetejére, az ellenkező végén.
q) Helyezze be a hegyét, és óvatosan nyomja össze, amíg meg nem látja, hogy a tésztakrém eléri a másik oldalát. Törölje le a széleit a feleslegtől.
r) Mázas és befejezni az **ECLAIRS:**
s) Minden töltött eclairt mártsunk bele a mázba úgy, hogy teljesen ellepje a felső felét. Használja az ujját a tökéletlenségek eltávolításához.
t) A csíkos hatás érdekében gyorsan rápipázzuk az olvasztott csokit.
u) Élvezze a puding jóságát benne, röviddel a megtöltés után. Míg a hűtőszekrényben néhány napig elállnak, puhák és nedvesek lesznek.

5.Eclairs rózsaszín tükörmázzal

ÖSSZETEVŐK:
SZÜTEMÉNYHEZ :
- 8 uncia víz
- 4 uncia sótlan vaj
- ½ teáskanál kóser só
- 1 evőkanál kristálycukor
- 5 uncia szitált kenyérliszt (vagy univerzális liszt)
- 1 teáskanál vanília kivonat
- 8 uncia tojás (körülbelül 4 nagy tojás)
- Rózsaszín zselés ételfesték

ECLAIR TÖLTÉSHEZ:
- Vaníliás tésztakrém (előre elkészített keveréket használhat)

RÓZSASZÍN TÜKÖRMÁZHOZ :
- 12 uncia fehér csokoládé chips
- 6 uncia nehéz tejszín
- Rózsaszín zselés ételfesték

DÍSZÍTÉSRE:
- Kókuszreszelék
- Friss málna

UTASÍTÁS:
ELKÉSZÍTÉSE A CHOUX PÉSZÉT:
a) Egy serpenyőben keverje össze a vizet, a sótlan vajat, a kóser sót és a kristálycukrot. Közepes-magas lángon addig melegítjük, amíg a keverék fel nem forr, és a vaj teljesen elolvad.
b) Csökkentse a hőt alacsonyra, és egyszerre adjon hozzá átszitált kenyérlisztet (vagy univerzális lisztet). Fakanállal erőteljesen keverjük addig, amíg a tésztából golyó nem lesz, és elválik a serpenyő falától.
c) Vegyük le a tűzről, és hagyjuk hűlni néhány percig.
d) Fokozatosan, egyenként adjuk hozzá a tojásokat, minden hozzáadás után jól keverjük össze. Győződjön meg arról, hogy minden tojás teljesen belekeveredett, mielőtt hozzáadná a következőt.
e) Keverje hozzá a vanília kivonatot és néhány csepp rózsaszín zselés ételfestéket, hogy elérje a kívánt rózsaszín színt.

PIPE ÉS SÜTSÜK KI AZ ECLAIRST:
f) Melegítsd elő a sütőt 190°C-ra, és bélelj ki egy tepsit sütőpapírral.
g) Tegye át a choux tészta tésztát egy nagy, kerek hegyű tésztazacskóba.
h) Csípje az éclair formákat a sütőpapírra úgy, hogy mindegyik között hagyjon némi helyet.
i) Előmelegített sütőben kb 25-30 percig sütjük, vagy amíg az eklérek aranybarnák és felfuvalkodnak.
j) Vegyük ki a sütőből és hagyjuk teljesen kihűlni.

TÖLTSE ki az ECLAIRS-EKET:
k) Ha az eklér kihűlt, vízszintesen felszeleteljük őket.
l) Töltsön meg minden eklért vaníliás tésztakrémmel egy zsák vagy egy kanál segítségével.

ELKÉSZÍTÉSE A RÓZSASZÍN TÜKÖRMÁZOT :
m) Egy mikrohullámú sütőben használható tálban keverje össze a fehér csokoládédarabkákat és a kemény tejszínt. Mikrohullámú sütőben 30 másodperces időközönként, minden intervallum után megkeverve, amíg a keverék sima és a csokoládé teljesen fel nem olvad.
n) Keverje hozzá a rózsaszín zselés ételfestéket, amíg el nem éri a kívánt rózsaszín árnyalatot.

MÁZZÁSA :
o) Mártsa az eklér tetejét a rózsaszín tükörmázba, hagyja, hogy a felesleges máz lecsepegjen.
p) Tegye a mázas ekléreket egy rácsra, hogy megdermedjen.
q) Amíg a máz még enyhén ragacsos, szórjunk kókuszreszeléket az eklér tetejére.
r) Minden eklér tetejére tegyen egy friss málnát.
s) Tálalás előtt hagyja teljesen megdermedni a mázt. Élvezze a finom Eclairet a Pink Mirror Glaze-rel!

6.Csokoládé mogyorós tükörmázas Eclairs

ÖSSZETEVŐK:

A CHOUX PASTRY-HOZ:
- 1 csésze víz
- 1/2 csésze sótlan vaj
- 1 csésze univerzális liszt
- 4 nagy tojás

A TÖLTETÉSHEZ:
- 2 csésze cukrászkrém
- 1/2 csésze Nutella

A CSOKOLÁDÉ MOGYORÓS TÜKÖRMÁZHOZ:
- 1/2 csésze víz
- 1 csésze kristálycukor
- 1/2 csésze édesített sűrített tej
- 1 1/2 csésze étcsokoládé, apróra vágva
- 1/4 csésze mogyoró, apróra vágva (díszítéshez)

UTASÍTÁS:

CHOUX SÜTEMÉNY:
a) Egy serpenyőben keverjük össze a vizet és a vajat. Felforral.
b) Hozzáadjuk a lisztet, és erőteljesen keverjük, amíg golyót nem kapunk. Vegyük le a tűzről.
c) Hagyjuk kicsit hűlni a tésztát, majd egyenként adjuk hozzá a tojásokat, minden hozzáadás után jól keverjük össze.
d) Tegye át a tésztát egy zsákba, és pipálja ki az eclairt egy sütőlapra.
e) 190°C-ra előmelegített sütőben 25-30 percig sütjük, vagy amíg aranybarna nem lesz.

TÖLTŐ:
f) Ha az eklér kihűlt, vízszintesen kettévágjuk.
g) A Nutellát jól összekeverjük a cukrászkrémmel.
h) Töltsön meg minden eklért csokoládés mogyorós töltelékkel egy zsák vagy kanál segítségével.

CSOKOLÁDÉS MOGYORÓS TÜKÖRMÁZ:
i) Egy lábasban keverjük össze a vizet, a cukrot és az édesített sűrített tejet. Forraljuk fel.
j) Levesszük a tűzről és hozzáadjuk az étcsokoládét. Simára keverjük.
k) Hagyja lehűlni a mázat 90-95°F-ra (32-35°C).

ÖSSZESZERELÉS:
l) Helyezzen rácsot a tepsire, hogy a felesleges mázt felfogja.
m) Minden eklér tetejét mártsuk a csokis mogyorós tükörmázba, így biztosítva az egyenletes bevonatot.
n) Hagyja lecsepegni a felesleges mázt, majd tegye az ekléreket a rácsra.
o) Díszítésnek a tetejére szórunk apróra vágott mogyorót.
p) Tálalás előtt körülbelül 15 percig hagyjuk dermedni a mázat.
q) Élvezze a kényeztető csokoládé mogyorós tükörmázas eclairet!

7.Málnás Citromos Tükörmázas Eclairs

ÖSSZETEVŐK:

A CHOUX PASTRY-HOZ:
- 1 csésze víz
- 1/2 csésze sótlan vaj
- 1 csésze univerzális liszt
- 4 nagy tojás

A TÖLTETÉSHEZ:
- 2 csésze cukrászkrém
- 1 csésze friss málna
- 1 citrom héja

A MÁLNA citromos tükörmázhoz:
- 1/2 csésze víz
- 1 csésze kristálycukor
- 1/2 csésze édesített sűrített tej
- 1 1/2 csésze fehér csokoládé, apróra vágva
- 1 citrom héja
- 1/2 csésze friss málna (díszítéshez)

UTASÍTÁS:

CHOUX SÜTEMÉNY:
a) Egy serpenyőben keverjük össze a vizet és a vajat. Felforral.
b) Hozzáadjuk a lisztet, és erőteljesen keverjük, amíg golyót nem kapunk. Vegyük le a tűzről.
c) Hagyjuk kicsit hűlni a tésztát, majd egyenként adjuk hozzá a tojásokat, minden hozzáadás után jól keverjük össze.
d) Tegye át a tésztát egy zsákba, és pipálja ki az eclairt egy sütőlapra.
e) 190°C-ra előmelegített sütőben 25-30 percig sütjük, vagy amíg aranybarna nem lesz.

TÖLTŐ:
f) Ha az eklér kihűlt, vízszintesen kettévágjuk.
g) A friss málnát és a citromhéjat jól összekeverjük a cukrászkrémben.
h) Töltsön meg minden eklért málna citromos töltelékkel egy zsák vagy kanál segítségével.

MÁLNA CITROMOS TÜKÖRMÁZ :
i) Egy lábasban keverjük össze a vizet, a cukrot és az édesített sűrített tejet. Forraljuk fel.
j) Levesszük a tűzről és hozzáadjuk a fehér csokoládét. Simára keverjük.
k) Adjunk hozzá citromhéjat a mázhoz, és jól keverjük össze.
l) Hagyja lehűlni a mázat 90-95°F-ra (32-35°C).

ÖSSZESZERELÉS:
m) Helyezzen rácsot a tepsire, hogy a felesleges mázt felfogja.
n) Minden eklér tetejét mártsuk a málnás citromos tükörmázba, így biztosítva az egyenletes bevonatot.
o) Hagyja lecsepegni a felesleges mázt, majd tegye az ekléreket a rácsra.
p) Minden eklér tetejére tegyünk egy-egy friss málnát díszítésképpen.
q) Tálalás előtt körülbelül 15 percig hagyjuk dermedni a mázat.

8.Kávé karamell tükör mázas Eclairs

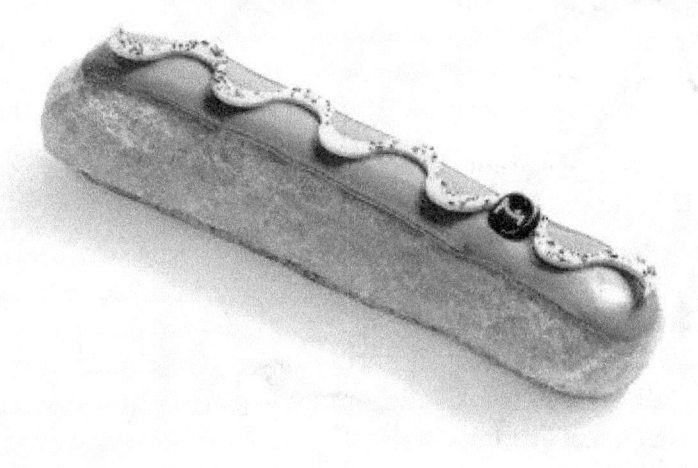

ÖSSZETEVŐK:

A CHOUX PASTRY-HOZ:
- 1 csésze víz
- 1/2 csésze sótlan vaj
- 1 csésze univerzális liszt
- 4 nagy tojás

A TÖLTETÉSHEZ:
- 2 csésze cukrászkrém
- 2 evőkanál instant kávé
- 1/2 csésze karamell szósz

A KÁVÉKARAMELL TÜKÖRMÁZHOZ:
- 1/2 csésze víz
- 1 csésze kristálycukor
- 1/2 csésze édesített sűrített tej
- 1 1/2 csésze étcsokoládé, apróra vágva
- 2 evőkanál instant kávé

UTASÍTÁS:

CHOUX SÜTEMÉNY:
a) Egy serpenyőben keverjük össze a vizet és a vajat. Felforral.
b) Hozzáadjuk a lisztet, és erőteljesen keverjük, amíg golyót nem kapunk. Vegyük le a tűzről.
c) Hagyjuk kicsit hűlni a tésztát, majd egyenként adjuk hozzá a tojásokat, minden hozzáadás után jól keverjük össze.
d) Tegye át a tésztát egy zsákba, és pipálja ki az eclairt egy sütőlapra.
e) 190°C-ra előmelegített sütőben 25-30 percig sütjük, vagy amíg aranybarna nem lesz.

TÖLTŐ:
f) Ha az eklér kihűlt, vízszintesen kettévágjuk.
g) Oldja fel az instant kávét kis mennyiségű forró vízben. Keverjük bele a tészta krémbe.
h) A karamellszószt a kávéízű tésztakrémbe jól összekeverjük.
i) Töltsön meg minden eklért kávékaramell töltelékkel egy zsák vagy kanál segítségével.

KÁVÉKARAMELL TÜKÖR MÁZ:
j) Egy lábasban keverjük össze a vizet, a cukrot és az édesített sűrített tejet. Forraljuk fel.
k) Levesszük a tűzről, és hozzáadjuk az étcsokoládét és az instant kávét. Simára keverjük.
l) Hagyja lehűlni a mázat 90-95°F-ra (32-35°C).

ÖSSZESZERELÉS:
m) Helyezzen rácsot a tepsire, hogy a felesleges mázt felfogja.
n) Mártsa be minden eklér tetejét a kávékaramell tükörmázba, így biztosítva az egyenletes bevonatot.
o) Hagyja lecsepegni a felesleges mázt, majd tegye az ekléreket a rácsra.
p) Tálalás előtt körülbelül 15 percig hagyjuk dermedni a mázat.
q) Élvezze a finom kávé-karamell tükörmázas eclaireit!

9.Matcha fehér csokoládé tükör mázas Eclairs

ÖSSZETEVŐK:

A CHOUX PASTRY-HOZ:
- 1 csésze víz
- 1/2 csésze sótlan vaj
- 1 csésze univerzális liszt
- 4 nagy tojás

A TÖLTETÉSHEZ:
- 2 csésze cukrászkrém
- 2 teáskanál matcha por

A MATCHA FEHÉR CSOKOLÁDÉS TÜKÖRMÁZHOZ:
- 1/2 csésze víz
- 1 csésze kristálycukor
- 1/2 csésze édesített sűrített tej
- 1 1/2 csésze fehér csokoládé, apróra vágva
- 2 teáskanál matcha por

UTASÍTÁS:

CHOUX SÜTEMÉNY:
a) Egy serpenyőben keverjük össze a vizet és a vajat. Felforral.
b) Hozzáadjuk a lisztet, és erőteljesen keverjük, amíg golyót nem kapunk. Vegyük le a tűzről.
c) Hagyjuk kicsit hűlni a tésztát, majd egyenként adjuk hozzá a tojásokat, minden hozzáadás után jól keverjük össze.
d) Tegye át a tésztát egy zsákba, és pipálja ki az eclairt egy sütőlapra.
e) 190°C-ra előmelegített sütőben 25-30 percig sütjük, vagy amíg aranybarna nem lesz.

TÖLTŐ:
f) Ha az eklér kihűlt, vízszintesen kettévágjuk.
g) Keverje a matcha port a cukrászkrémhez, amíg jól össze nem áll.
h) Töltsön meg minden eklért a matcha ízű töltelékkel egy zsák vagy kanál segítségével.

MATCHA FEHÉR CSOKOLÁDÉS TÜKÖRMÁZ:
i) Egy lábasban keverjük össze a vizet, a cukrot és az édesített sűrített tejet. Forraljuk fel.
j) A tűzről leléve hozzáadjuk a fehér csokoládét és a matcha port. Simára keverjük.

k) Hagyja lehűlni a mázat 90-95°F-ra (32-35°C).

ÖSSZESZERELÉS:

l) Helyezzen rácsot a tepsire, hogy a felesleges mázt felfogja.
m) Minden eclair tetejét mártsuk a matcha fehér csokoládé tükörmázba, így biztosítva az egyenletes bevonatot.
n) Hagyja lecsepegni a felesleges mázt, majd tegye az ekléreket a rácsra.
o) Tálalás előtt körülbelül 15 percig hagyjuk dermedni a mázat.

CSOKOLÁDÉS ECLAIRS

10.Karamell csokoládé Eclairs

ÖSSZETEVŐK:

- 12 db Eclair kagyló, töltetlen
- 2 csésze karamell tészta krém, hűtve
- 1 csésze csokoládé ganache, szobahőmérsékleten

UTASÍTÁS:

a) Egy kis vágókéssel készítsen egy kis lyukat minden eclair végén.
b) Töltsünk meg egy kis sima hegyű cukrászzacskót hűtött karamell tésztakrémmel.
c) Helyezze a hegyét egy eclair egyik lyukába, és finoman nyomja meg, hogy megtöltse. Ismételje meg a folyamatot a másik lyukkal.
d) Folytassa az eklér megtöltését, amíg minden meg nem telik a finom karamell tésztakrémmel.
e) Egy kis eltolt spatulával egyenletesen kenje meg minden eklért szobahőmérsékletű csokoládé ganache-val.
f) Hagyja megdermedni a ganache-t, mielőtt felszolgálja ezeket a finom karamell csokoládé ekléreket.

11. Csokoládé eclairs pudingos töltelékkel

ÖSSZETEVŐK:
ECLAIRS:
- 1 csésze víz
- 1/2 csésze vaj
- 1/4 teáskanál só
- 1 csésze liszt
- 4 nagy tojás

PUROS TÖLTETÉS:
- 3 csésze tej
- 1/2 csésze cukor
- 3 evőkanál kukoricakeményítő
- 4 tojássárgája
- 2 teáskanál vanília kivonat

CSOKOLÁDÉMÁZ:
- 12 uncia félédes csokoládé chips
- 1/4 csésze rövidítés
- 1/4 csésze világos kukoricaszirup
- 6 evőkanál tej

UTASÍTÁS:
PUROS TÖLTETÉS:
a) Egy közepes serpenyőben lassan melegítsük fel a tejet, amíg buborékok keletkeznek a szélén.
b) Egy kis tálban keverjük össze a cukrot és a kukoricakeményítőt, jól keverjük össze. A keveréket egyszerre keverje hozzá a forró tejhez.
c) Közepes lángon kevergetve főzzük, amíg a keverék fel nem forr. Csökkentse a hőt és pároljuk 1 percig.
d) A keverékből egy kis mennyiséget a tojássárgájához keverünk. Visszaöntjük a serpenyőbe, és kevergetve közepes lángon addig főzzük, amíg a keverék felforr és besűrűsödik.
e) Keverjük hozzá a vaníliát. Helyezzen viaszpapírt a felületre, hogy megakadályozza a bőr kialakulását. Hűtőbe tesszük felhasználásig. 3 csésze készíthető, ami 12 eklér töltésére elegendő.

CSOKOLÁDÉMÁZ:

f) Egy dupla bojler tetején forró (nem forrásban lévő) víz felett felolvasztjuk a csokoládét a lerövidítéssel.
g) Adjuk hozzá a kukoricaszirupot és a tejet. Keverjük simára és jól elkeverjük. Hagyjuk kicsit kihűlni.
h) Kenjük a mázat az eklérekre. 2 csésze készül, ami 12 eklér mázhoz elegendő.

ECLAIRS:

i) Melegítse elő a sütőt 400°F-ra.
j) Forraljuk fel a vizet, a vajat és a sót. Levesszük a tűzről, és belekeverjük a lisztet.
k) Lassú tűzön addig verjük, amíg a keverék el nem hagyja a serpenyő oldalát.
l) Vegyük le a tűzről, és egyenként verjük bele a tojásokat, amíg a keverék fényes, selymes nem lesz, és szálakká nem törik.
m) Csúsztassa a tésztát három hüvelyk távolságra egymástól egy kiolajozott lapra, 12 csíkot képezve, mindegyik 4 x 1 hüvelyk.
n) 35-40 percig sütjük, amíg koppintáskor üregesnek nem tűnnek. Tartsa távol a huzattól.
o) Vágja le az eklér tetejét, és töltse meg pudinggal.
p) A tetejét megkenjük csokimázzal, lehűtjük és tálaljuk.
q) Élvezze ezeket a dekadens Csokoládé Eclaireket zamatos puding töltelékkel!

12.Csokoládé Grand Marnier Eclairs

ÖSSZETEVŐK:

ECLAIR TÉSZTA:
- 3 nagy tojás, szobahőmérsékleten
- 2/3 csésze víz
- 5 evőkanál sótlan vaj, 1/2 hüvelykes kockákra vágva
- 1/8 teáskanál só
- 2/3 csésze szitált univerzális liszt
- 1/2 teáskanál narancshéj

CSOKOLÁDÉS GRAND MARNIER TÖLTETÉS:
- 3 uncia félédes csokoládé, durvára vágva
- 3 evőkanál vizet
- 2 evőkanál Grand Marnier
- 2 evőkanál hideg víz
- 1 1/2 teáskanál ízesítetlen porított zselatin
- 1 csésze nehéz tejszín
- 1 evőkanál narancslé
- 1/2 csésze cukrászcukor

NARANCS MÁZ:
- 1 evőkanál narancslé
- 1/4 csésze cukrászcukor

UTASÍTÁS:

ECLAIR TÉSZTA:
a) Melegítsük elő a sütőt 425 F fokra. Béleljünk ki két tepsit sütőpapírral.
b) Egy üveg mérőedényben keverjük össze a tojásokat. Tartson 2 evőkanál felvert tojást egy kis csészébe.
c) Egy közepesen nehéz serpenyőben keverje össze a vizet, vajat és sót. Közepes lángon addig melegítjük, amíg a vaj elolvad.
d) Növelje a hőt közepesen magasra, és forralja fel a keveréket. Vegyük le a tűzről.
e) Dróthabverővel keverjük hozzá a lisztet és a narancshéjat. Erőteljesen simára keverjük.
f) Tegye vissza a serpenyőt a tűzre, folyamatosan keverje fakanállal. 30-60 másodpercig főzzük, amíg a paszta nagyon sima golyót nem kap.

g) Tegye át a masszát egy nagy tálba. Öntsük a pépesre a fenntartott 1/2 csésze felvert tojást, és egy fakanállal erőteljesen verjük addig, amíg sima, puha tésztát nem kapunk.

AZ ECLAIRS SÜTÉSE:
h) Töltsön meg egy 5/6 hüvelykes sima hegyű cukrászzacskót az eclair tésztával. Csővelj körülbelül 1/2 hüvelyk széles csíkokat az előkészített sütőlapokra, és hagyjon körülbelül 1,5 hüvelyk távolságot az eclaire között.
i) Mártsa bele az ujját a maradék felvert tojásba, és finoman simítsa le a csövekből megmaradt "farkat". Enyhén megkenjük az eklér tetejét több tojással.
j) Süssük az ekléreket egy-egy tepsiben 10 percig. Nyissa ki a sütő ajtaját körülbelül 2 cm-re egy fakanál nyelével.
k) Csökkentse a sütő hőmérsékletét 375 F-ra, és zárja be a sütő ajtaját. Folytassa az eklerek sütését 20-25 percig, amíg ropogós nem lesz.
l) Tegye az ekléreket egy rácsra, és hűtse le teljesen.

CSOKOLÁDÉS GRAND MARNIER TÖLTETÉS:
m) Olvasszuk fel a csokoládét vízzel és Grand Marnier-vel a Csokoládéolvasztási tippek szerint.
n) Egy kis lábosban a zselatint meglocsoljuk a hideg vízzel, és 5 percig állni hagyjuk, hogy megpuhuljon.
o) Tegye a serpenyőt lassú tűzre, főzze 2-3 percig, folyamatos keverés mellett, amíg a zselatin teljesen fel nem oldódik, és a keverék tiszta lesz. Hagyja langyosra hűlni.
p) Egy lehűtött keverőtálban alacsony sebességgel felverjük a tejszínt. A kihűlt zselatin keveréket fokozatosan, lassú sugárban adjuk hozzá, miközben folyamatosan verjük.
q) Állítsuk le a mixert, kaparjuk le a tál oldalát, és adjuk hozzá a kihűlt olvasztott csokis keveréket. A habverést addig folytatjuk, amíg a tejszín fel nem csomósodik. Ne verje túl.
r) Fedjük le a tölteléket műanyag fóliával, és hűtsük 30 percig.

NARANCS MÁZ:
s) Egy kis tálban keverjük simára a narancslevet és a cukrászdat.

AZ ECLAIRS ÖSSZESZERELÉSE ÉS MAZÁSA:
t) Nyársalóval szúrjunk egy-egy lyukat az eklér mindkét végébe.

u) Töltsön meg egy 1/6 hüvelykes sima hegyű cukrászzacskót Grand Marnier töltelékkel. Helyezze a hegyét az eclair mindkét végén lévő lyukba, és töltse meg a töltelékkel.
v) Kenje meg a narancsmázt minden eklér tetejére.
w) Ízlés szerint narancshéj csíkokkal díszítjük.
x) Élvezze ezeket a kitűnő Chocolate Grand Marnier Eclairt!

13.Fagyasztott csokoládé menta eclairs

ÖSSZETEVŐK:
ECLAIR TÉSZTA:
- 3 nagy tojás, szobahőmérsékleten
- 1/2 csésze víz
- 4 1/2 evőkanál sótlan vaj, 1/2 hüvelykes kockákra vágva
- 1 1/2 evőkanál kristálycukor
- 1/2 teáskanál menta kivonat
- 3/4 csésze szitált univerzális liszt
- 3 evőkanál szitált cukrozatlan lúgosított kakaópor

FAGYASZTOTT MENTA TÖLTETÉS:
- 8 uncia krémsajt, lágyítva
- 3/4 csésze édesített sűrített tej
- 2 evőkanál fehér krém de menthe
- 4 uncia menta ízű félédes csokoládé, apróra vágva

Csokoládé menta szósz:
- 6 uncia menta ízű félédes csokoládé, apróra vágva
- 2/3 csésze nehéz tejszín
- 2 evőkanál világos kukoricaszirup
- 2 teáskanál vanília kivonat

DÍSZÍT:
- Friss menta

UTASÍTÁS:
ECLAIR TÉSZTA:
a) Melegítsük elő a sütőt 425 F fokra. Béleljünk ki két tepsit sütőpapírral.
b) Egy üveg mérőedényben keverjük össze a tojásokat. Tartson 2 evőkanál felvert tojást egy kis csészébe.
c) Egy közepesen nehéz serpenyőben keverje össze a vizet, vajat és cukrot. Közepes lángon addig melegítjük, amíg a vaj elolvad.
d) Növelje a hőt közepesen magasra, és forralja fel a keveréket. Vegyük le a tűzről.
e) Keverje hozzá a menta kivonatot. Dróthabverővel keverjük hozzá a lisztet és a kakaót. Erőteljesen keverjük, amíg a keverék sima nem lesz, és elválik a serpenyő falától.

f) Tegye vissza a serpenyőt a tűzre, folyamatosan keverje fakanállal. 30-60 másodpercig főzzük, amíg a paszta nagyon sima golyót nem kap.
g) Tegye át a masszát egy nagy tálba. Öntse a 1/2 csésze felvert tojást a masszára, és egy fakanállal erőteljesen verje 45-60 másodpercig, amíg a keverék sima, lágy tésztát nem kap.
h) Töltsön meg egy 5/6 hüvelykes sima hegyű cukrászzacskót az eclair tésztával. Csővelj körülbelül 1/2 hüvelyk széles csíkokat az előkészített sütőlapokra, és hagyjon körülbelül 1,5 hüvelyk távolságot az eclaire között.
i) Enyhén megkenjük az eklér tetejét a maradék felvert tojással.
j) Süssük az ekléreket 10 percig, majd csökkentsük a sütő hőmérsékletét 375 F-ra. Folytassa a sütést 20-25 percig, amíg ropogós és fényes lesz. Tegyük rácsra, és hűtsük le teljesen.

FAGYASZTOTT MENTA TÖLTETÉS:
k) Egy nagy tálban használjon kézi elektromos keverőt közepes sebességgel, hogy simára keverje a krémsajtot.
l) Adjuk hozzá az édesített sűrített tejet és a likőrt. Verjük simára.
m) Belekeverjük az apróra vágott csokoládét.
n) Fedjük le a töltelék felületét műanyag fóliával, és fagyasztjuk keményre, körülbelül 4 órán keresztül.

Csokoládé menta szósz:
o) Helyezze a csokoládét egy közepes tálba.
p) Egy kis, nehéz serpenyőben forraljuk fel a tejszínt és a kukoricaszirupot.
q) A forró tejszínes keveréket a csokoládéra öntjük. Hagyjuk állni 30 másodpercig, hogy a csokoládé felolvadjon.
r) Finoman keverjük simára.
s) Belekeverjük a vaníliát.

AZ ECLAIRS ÖSSZESZERELÉSE:
t) Vágja félbe az ekléreket, és távolítsa el a nedves tésztát.
u) Mindegyik eclair felébe kanalazunk 3 evőkanál fagyasztott tölteléket.
v) Helyezze vissza az eclair tetejét.
w) A meleg csokis mentaszószt öntsük egy tálra.
x) Tegyünk a tetejére egy eklért, és öntsük meg még több szósszal.
y) Díszítsük friss mentával.

14.Mini csokoládé Éclairs

ÖSSZETEVŐK:
A CHOUX PASTRY-HOZ:
- 150 ml (körülbelül 5 uncia) víz
- 60 g (kb. 2 uncia) vaj
- 75 g (kb. 2,5 uncia) sima liszt
- 2 nagy tojás

A TÖLTETÉSHEZ:
- 200 ml (kb. 7 uncia) tejszínhab
- Csokoládé ganache (olvasztott csokoládéból és tejszínből készül)

UTASÍTÁS:
a) Melegítse elő a sütőt 200°C-ra (390°F). Egy tepsit kibélelünk sütőpapírral.
b) Egy serpenyőben melegítsük fel a vizet és a vajat, amíg a vaj elolvad. Levesszük a tűzről és hozzáadjuk a lisztet. Erősen keverjük, amíg tésztagolyót nem kapunk.
c) Hagyja kicsit kihűlni a tésztát, majd egyenként keverje hozzá a tojásokat, amíg sima és fényes nem lesz.
d) Kis éclair formákban kanalazzuk vagy pipázzuk a choux tésztát a tepsire.
e) Körülbelül 15-20 percig sütjük, vagy amíg meg nem puhulnak és aranybarnák lesznek.
f) Ha kihűlt, mindegyik éclairt vízszintesen kettévágjuk. Megtöltjük tejszínhabbal és meglocsoljuk csokis ganache-val.

15.Jello vanília puding Eclairs

ÖSSZETEVŐK:

- 1 csomag (3¼ uncia) jello vanília puding és pite töltelék
- 1 ½ csésze tej
- ½ csésze elkészített álomkorbács/felvert feltét
- 6 evőkanál vaj
- ¾ csésze víz
- ¾ csésze szitált liszt (univerzális)
- 3 tojás
- 2 négyzet cukrozatlan csokoládé
- 2 evőkanál vaj
- 1½ csésze szitálatlan cukor
- csipetnyi só
- 3 evőkanál tej

UTASÍTÁS:
KÉSZÍTSÜK A TÖLTETÉST:
a) A pudingkeveréket a csomagoláson feltüntetett módon főzzük meg. Csökkentse a tejet 1½ csészére.
b) Fedje le a felületet viaszpapírral.
c) Hűtsük le 1 órát. A pudingot simára verjük.
d) Beleforgatjuk az elkészített feltétbe.

KÉSZÍTSÜK HÉJÁT:
e) Forraljon fel 6 evőkanál vajat és vizet egy serpenyőben. Csökkentse a hallást. Gyorsan keverjük hozzá a lisztet. Főzzük és keverjük, amíg a keverék el nem hagyja a serpenyő oldalát, körülbelül 2 percig. Vegyük le a tűzről.
f) Egyenként felütjük a tojásokat. Alaposan habosra verjük. Zsír nélküli sütőlapon kanállal formázzunk 5 x 1 hüvelykes tésztacsíkokat, süssük 425 F fokon 20 percig, majd 350 fokon 30 percig.

ÖSSZEGYŰLNI
g) Vágja le a héjak tetejét. Mindegyiket megtöltjük pudinggal. Cserélje ki a felsőket

KÉSZÍTSÜK MÁZOT
h) Lassú tűzön olvasszuk fel a csokoládét 2 evőkanál vajjal.
i) Vegyük le a tűzről, és keverjük össze a cukorral, sóval és 3 evőkanál tejjel. Azonnal kenjük rá az eclaire-re.

16.Cookie-k és Cream Éclairs

ÖSSZETEVŐK:

A CHOUX PASTRY-HOZ:
- 1 csésze víz
- 1/2 csésze sótlan vaj
- 1 csésze univerzális liszt
- 1/2 teáskanál só
- 1 evőkanál cukor
- 4 nagy tojás

A KÜSZI ÉS KRÉMTÖLTETÉSHEZ:
- 1 1/2 csésze nehéz tejszín
- 1/4 csésze porcukor
- 1 teáskanál vanília kivonat
- 10 csokis szendvicssüti, összetörve

A CSOKOLÁDÉ GANACHE-HOZ:
- 1 csésze félédes csokireszelék
- 1/2 csésze nehéz tejszín
- 2 evőkanál sótlan vaj

UTASÍTÁS:

CHOUX SÜTEMÉNY:

a) Melegítsd elő a sütőt 220°C-ra (425°F). Egy tepsit kibélelünk sütőpapírral.

b) Egy serpenyőben, közepes lángon keverje össze a vizet, vajat, sót és cukrot. Felforral.

c) Vegyük le a tűzről, és gyorsan keverjük hozzá a lisztet, amíg tészta nem lesz.

d) Tegyük vissza a serpenyőt alacsony lángra, és főzzük a tésztát folyamatos keverés mellett 1-2 percig, hogy kiszáradjon.

e) Tegye át a tésztát egy nagy keverőtálba. Hagyjuk pár percig hűlni.

f) Egyenként adjuk hozzá a tojásokat, minden hozzáadás után alaposan verjük fel, amíg a tészta sima és fényes nem lesz.

g) Tegye át a tésztát egy nagy, kerek heggyel ellátott zsákba. Csőveljen 4 hüvelyk hosszú csíkokat az előkészített tepsire.

h) Süssük 15 percig 425 °F-on, majd csökkentsük a hőmérsékletet 375 °F-ra (190 °C), és süssük további 20 percig, vagy amíg aranybarna nem lesz. Hagyjuk teljesen kihűlni.

SÜTI ÉS KRÉM TÖLTETÉS:

i) Egy keverőtálban verjük fel a kemény tejszínt, amíg lágy csúcsok nem lesznek.
j) Hozzáadjuk a porcukrot és a vaníliakivonatot. Folytassa a habverést, amíg kemény csúcsok képződnek.
k) Óvatosan forgasd bele az összetört csokis szendvics sütiket.

CSOKIS GANACHE:

l) Helyezze a csokoládédarabkákat egy hőálló tálba.
m) Egy serpenyőben a tejszínt addig hevítjük, amíg el nem kezd forrni.
n) Öntsük a forró tejszínt a csokoládéra, és hagyjuk állni egy percig.
o) Keverjük simára, majd adjuk hozzá a vajat, és keverjük, amíg el nem olvad.

ÖSSZESZERELÉS:

p) Minden kihűlt eclairt vízszintesen kettévágunk.
q) Minden eclair alsó felére kanalazzuk vagy pipázzuk a sütiket és a krémes tölteléket.
r) Az eclair felső felét a töltelékre helyezzük.
s) Minden eclair tetejét mártsuk a csokoládé ganache-ba, vagy kanalazzuk rá a ganache-t.
t) Hagyja pár percig dermedni a ganache-t.
u) Opcionálisan a tetejére szórhatunk még apróra tört sütiket díszítésképpen.
v) Tálalja és ízlelje meg a krémes töltelék és a gazdag csokoládé ganache elragadó kombinációját minden Cookies and Cream Éclairben!

17. Csokoládé mogyorós Eclairs

ÖSSZETEVŐK:
A CHOUX PASTRY-HOZ:
- 1 csésze víz
- 1/2 csésze sótlan vaj
- 1 csésze univerzális liszt
- 4 nagy tojás

A TÖLTETÉSHEZ:
- 2 csésze cukrászkrém
- 1/2 csésze Nutella (mogyoró kenhető)

A csokoládé mogyorós ganache-hoz:
- 1 csésze étcsokoládé, apróra vágva
- 1/2 csésze nehéz tejszín
- 1/4 csésze mogyoró, apróra vágva (díszítéshez)

UTASÍTÁS:
CHOUX SÜTEMÉNY:
a) Egy serpenyőben keverjük össze a vizet és a vajat. Felforral.
b) Hozzáadjuk a lisztet, és erőteljesen keverjük, amíg golyót nem kapunk. Vegyük le a tűzről.
c) Hagyjuk kicsit hűlni a tésztát, majd egyenként adjuk hozzá a tojásokat, minden hozzáadás után jól keverjük össze.
d) Tegye át a tésztát egy zsákba, és pipálja ki az eclairt egy sütőlapra.
e) 190°C-ra előmelegített sütőben 25-30 percig sütjük, vagy amíg aranybarna nem lesz.

TÖLTŐ:
f) Ha az eklér kihűlt, vízszintesen kettévágjuk.
g) A Nutellát jól összekeverjük a cukrászkrémmel.
h) Töltsön meg minden eklért csokoládés mogyorós töltelékkel egy zsák vagy kanál segítségével.

CSOKOLÁDÉS MOGYORÓS GANACHE:
i) A kemény tejszínt egy serpenyőben addig hevítjük, amíg el nem kezd forrni.
j) A forró tejszínt az apróra vágott étcsokoládéra öntjük. Hagyjuk állni egy percig, majd keverjük simára.
k) Minden eklér tetejét mártsuk a csokis mogyorós ganache-ba, így biztosítva az egyenletes bevonatot.
l) Díszítésnek a tetejére szórunk apróra vágott mogyorót.
m) Tálalás előtt hagyja állni a ganache-t körülbelül 15 percig.
n) Élvezze a dekadens csokoládé-mogyorós Eclairs-t!

18.Mentás csokoládé Eclairs

ÖSSZETEVŐK:
A CHOUX PASTRY-HOZ:
- 1 csésze víz
- 1/2 csésze sótlan vaj
- 1 csésze univerzális liszt
- 4 nagy tojás

A TÖLTETÉSHEZ:
- 2 csésze cukrászkrém

A MINTÁS CSOKIS GANACHEHOZ:
- 1 csésze étcsokoládé, apróra vágva
- 1/2 csésze nehéz tejszín
- 1 teáskanál borsmenta kivonat

UTASÍTÁS:
CHOUX SÜTEMÉNY:
a) Egy serpenyőben keverjük össze a vizet és a vajat. Felforral.
b) Hozzáadjuk a lisztet, és erőteljesen keverjük, amíg golyót nem kapunk. Vegyük le a tűzről.
c) Hagyjuk kicsit hűlni a tésztát, majd egyenként adjuk hozzá a tojásokat, minden hozzáadás után jól keverjük össze.
d) Tegye át a tésztát egy zsákba, és pipálja ki az eclairt egy sütőlapra.
e) 190°C-ra előmelegített sütőben 25-30 percig sütjük, vagy amíg aranybarna nem lesz.

TÖLTŐ:
f) Ha az eklér kihűlt, vízszintesen kettévágjuk.
g) Készítse elő a cukrászkrémet, vagy használja a boltban vásárolt terméket.
h) Opcionálisan adjunk hozzá egy teáskanál borsmenta kivonatot a cukrászkrémhez a mentás íz érdekében. Jól összekeverni.
i) Töltsön meg minden eklért menta ízű tésztakrémmel egy zsák vagy kanál segítségével.

MINTÁS CSOKIS GANACHE:
j) A kemény tejszínt egy serpenyőben addig hevítjük, amíg el nem kezd forrni.
k) A forró tejszínt az apróra vágott étcsokoládéra öntjük. Hagyjuk állni egy percig, majd keverjük simára.

l) Adjunk hozzá borsmenta kivonatot a ganache-hoz, és jól keverjük össze.
m) Minden eclair tetejét mártsuk a mentás csokoládé ganache-ba, így biztosítva az egyenletes bevonatot.
n) Tálalás előtt hagyja állni a ganache-t körülbelül 15 percig.
o) Élvezze a frissítő mentás csokoládé eclairet!

19.Fehér csokoládé málna Eclairs

ÖSSZETEVŐK:

A CHOUX PASTRY-HOZ:
- 1 csésze víz
- 1/2 csésze sótlan vaj
- 1 csésze univerzális liszt
- 4 nagy tojás

A TÖLTETÉSHEZ:
- 2 csésze fehér csokoládé chips
- 1 csésze nehéz tejszín
- 1/2 csésze málnalekvár

A FEHÉRCSOKOLÁDÁS MÁLNA GANACHEHOZ:
- 1 csésze fehér csokoládé, apróra vágva
- 1/2 csésze nehéz tejszín
- Friss málna (díszítéshez)

UTASÍTÁS:

CHOUX SÜTEMÉNY:
a) Egy serpenyőben keverjük össze a vizet és a vajat. Felforral.
b) Hozzáadjuk a lisztet, és erőteljesen keverjük, amíg golyót nem kapunk. Vegyük le a tűzről.
c) Hagyjuk kicsit hűlni a tésztát, majd egyenként adjuk hozzá a tojásokat, minden hozzáadás után jól keverjük össze.
d) Tegye át a tésztát egy zsákba, és pipálja ki az eclairt egy sütőlapra.
e) 190°C-ra előmelegített sütőben 25-30 percig sütjük, vagy amíg aranybarna nem lesz.

TÖLTŐ:
f) Ha az eklér kihűlt, vízszintesen kettévágjuk.
g) A kemény tejszínt addig melegítjük, amíg el nem kezd forrni.
h) A forró tejszínt ráöntjük a fehércsokireszelékre. Hagyjuk állni egy percig, majd keverjük simára.
i) A málnalekvárral jól összekeverjük.
j) Töltsön meg minden eklért fehércsokoládé málnás töltelékkel egy zsák segítségével.

FEHÉRCSOKISKOLA MÁLNA GANACHE:
k) A kemény tejszínt egy serpenyőben addig hevítjük, amíg el nem kezd forrni.

l) A forró tejszínt ráöntjük az apróra vágott fehér csokoládéra. Hagyjuk állni egy percig, majd keverjük simára.
m) Minden eklér tetejét mártsuk a fehércsokis málna ganache-ba, így biztosítva az egyenletes bevonatot.
n) Díszítsen minden eklért friss málnával.
o) Tálalás előtt hagyja állni a ganache-t körülbelül 15 percig.

20.Sötét csokoládé narancs Eclairs

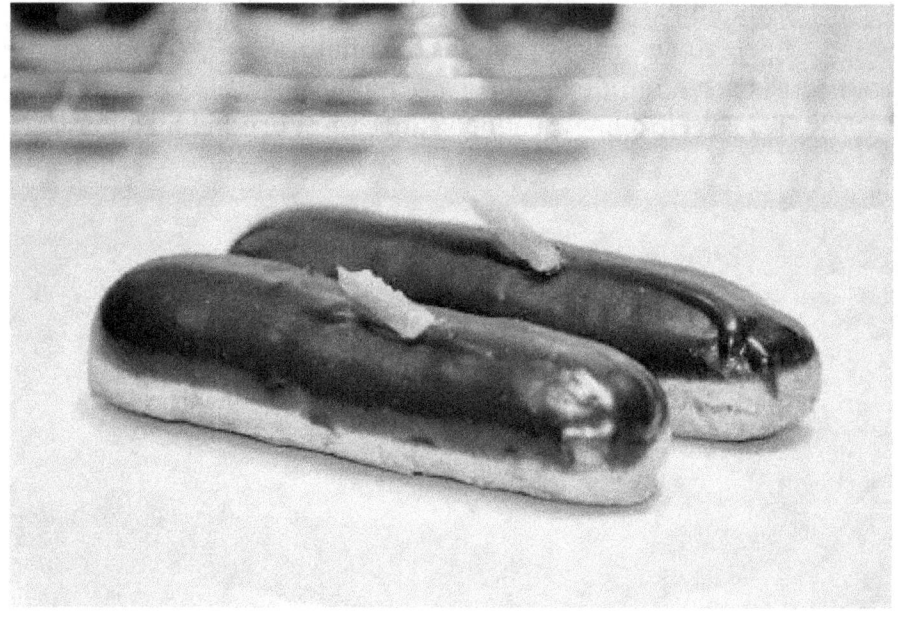

ÖSSZETEVŐK:

A CHOUX PASTRY-HOZ:
- 1 csésze víz
- 1/2 csésze sótlan vaj
- 1 csésze univerzális liszt
- 4 nagy tojás

A TÖLTETÉSHEZ:
- 2 csésze csokis narancs ganache
- Díszítésnek narancshéj

A CSOKOLÁDÉMÁZHOZ:
- 1/2 csésze étcsokoládé, apróra vágva
- 1/4 csésze sótlan vaj
- 1 csésze porcukor
- 1/4 csésze forró víz

UTASÍTÁS:

CHOUX SÜTEMÉNY:
a) Egy serpenyőben keverjük össze a vizet és a vajat. Közepes lángon addig melegítjük, amíg a vaj elolvad, és a keverék fel nem forr.
b) Levesszük a tűzről, egyszerre adjuk hozzá a lisztet, és addig keverjük, amíg golyót nem kapunk.
c) A tésztát hagyjuk hűlni néhány percig, majd egyenként adjuk hozzá a tojásokat, minden hozzáadás után jól felverjük.
d) Tegye át a tésztát egy zsákba, és pipálja ki az eclairt egy sütőlapra.
e) Előmelegített sütőben 190°C-ra sütjük körülbelül 30 percig, vagy amíg aranybarna nem lesz. Hagyjuk kihűlni.

TÖLTŐ:
f) Készítsünk csokoládés narancs ganache-t úgy, hogy megolvasztjuk az étcsokoládét, és belekeverjük a narancshéjat.
g) Miután a ganache kissé lehűlt, de még önthető, töltse meg az eclairt úgy, hogy a ganache-t a közepébe fecskendezi vagy szétteríti.

CSOKOLÁDEMÁZ:
h) Egy hőálló tálban olvasszuk fel a csokoládét és a vajat dupla kazán felett.

i) Levesszük a tűzről, hozzáadjuk a porcukrot, és a forró vízben fokozatosan simára keverjük.
j) Minden eclair tetejét mártsuk a csokimázba, hagyjuk, hogy a felesleg lecsepegjen.
k) Szórjon meg további narancshéjat minden eklér tetejére, hogy a citrus íze kitörjön.
l) A megtöltött és mázas ekléreket körülbelül 30 percre a hűtőbe tesszük, hogy a csokoládé megdermedjen.
m) Tálalja lehűtve, és élvezze az étcsokoládé és a narancs elragadó kombinációját ezekben az egyedi eklérekben!

21.Fűszeres mexikói csokoládé Eclairs

ÖSSZETEVŐK:

A CHOUX PASTRY-HOZ:
- 1 csésze víz
- 1/2 csésze sótlan vaj
- 1 csésze univerzális liszt
- 4 nagy tojás

A TÖLTETÉSHEZ:
- 2 csésze csokoládé fahéjas ganache
- Csipet cayenne bors

A CSOKOLÁDÉMÁZHOZ:
- 1/2 csésze étcsokoládé, apróra vágva
- 1/4 csésze sótlan vaj
- 1 csésze porcukor
- 1/4 teáskanál őrölt fahéj

UTASÍTÁS:

CHOUX SÜTEMÉNY:

a) Egy serpenyőben keverjük össze a vizet és a vajat. Közepes lángon addig melegítjük, amíg a vaj elolvad, és a keverék fel nem forr.

b) Levesszük a tűzről, egyszerre adjuk hozzá a lisztet, és addig keverjük, amíg golyót nem kapunk.

c) A tésztát hagyjuk hűlni néhány percig, majd egyenként adjuk hozzá a tojásokat, minden hozzáadás után jól felverjük.

d) Tegye át a tésztát egy zsákba, és pipálja ki az eclairt egy sütőlapra.

e) Előmelegített sütőben 190°C-ra sütjük körülbelül 30 percig, vagy amíg aranybarna nem lesz. Hagyjuk kihűlni.

TÖLTŐ:

f) Készítsünk csokoládés fahéjas ganache-t úgy, hogy étcsokoládét megolvasztunk és őrölt fahéjat adunk a keverékhez.

g) Adjunk hozzá egy csipet cayenne borsot a ganache-hoz, ízlés szerint igazítsuk.

h) Miután a ganache kissé kihűlt, de még önthető, töltse meg az ekléreket úgy, hogy a fűszeres csokoládékeveréket a közepébe fecskendezi vagy eloszlatja.

CSOKOLÁDÉMÁZ:

i) Egy hőálló tálban olvasszuk fel a csokoládét és a vajat dupla kazán felett.
j) Levesszük a tűzről, hozzáadjuk a porcukrot, és a forró vízben fokozatosan simára keverjük.
k) Minden eclair tetejét mártsuk a csokimázba, hagyjuk, hogy a felesleg lecsepegjen.
l) A megtöltött és mázas ekléreket körülbelül 30 percre a hűtőben dermedni hagyjuk.
m) Tálalja lehűtve, és élvezze a fűszeres mexikói csokoládé egyedülálló kombinációját ezekben az eklérekben!

22.Mogyorós praliné csokoládé Eclairs

ÖSSZETEVŐK:
A CHOUX PASTRY-HOZ:
- 1 csésze víz
- 1/2 csésze sótlan vaj
- 1 csésze univerzális liszt
- 4 nagy tojás

A TÖLTETÉSHEZ:
- 2 csésze mogyorós praliné krém

A CSOKOLÁDÉMÁZHOZ:
- 1/2 csésze étcsokoládé, apróra vágva
- 1/4 csésze sótlan vaj
- Díszítésnek darált mogyoró

UTASÍTÁS:
CHOUX SÜTEMÉNY:
a) Egy serpenyőben keverjük össze a vizet és a vajat. Közepes lángon addig melegítjük, amíg a vaj elolvad, és a keverék fel nem forr.
b) Levesszük a tűzről, egyszerre adjuk hozzá a lisztet, és addig keverjük, amíg golyót nem kapunk.
c) A tésztát hagyjuk hűlni néhány percig, majd egyenként adjuk hozzá a tojásokat, minden hozzáadás után jól felverjük.
d) Tegye át a tésztát egy zsákba, és pipálja ki az eclairt egy sütőlapra.
e) Előmelegített sütőben 190°C-ra sütjük körülbelül 30 percig, vagy amíg aranybarna nem lesz. Hagyjuk kihűlni.

TÖLTŐ:
f) Mogyorós praliné krémet készíthet úgy, hogy darált mogyorót tesz bele egy alaptészta krémbe vagy pudingba.
g) Ha kész a mogyorós praliné krém, töltse meg az ekléreket úgy, hogy a krémet a közepébe fecskendezi vagy eloszlatja.

CSOKOLÁDEMÁZ:
h) Egy hőálló tálban olvasszuk fel a csokoládét és a vajat dupla kazán felett.
i) Minden eclair tetejét mártsuk a csokimázba, hagyjuk, hogy a felesleg lecsepegjen.

j) Szórjon darált mogyorót minden eklér tetejére, hogy még ízesebbé és állagosabbá tegye.
k) A megtöltött és mázas ekléreket körülbelül 30 percre a hűtőben dermedni hagyjuk.
l) Tálalja lehűtve, és kóstolja meg a mogyorós praliné és csokoládé elragadó kombinációját ezekben az eklérekben!

23. Crème Brûlée Chocolate Éclairs

ÖSSZETEVŐK:
A CHOUX PASTRY-HOZ:
- 1 csésze víz
- 1/2 csésze sótlan vaj
- 1 csésze univerzális liszt
- 4 nagy tojás

A TÖLTETÉSHEZ:
- 2 csésze csokoládé puding (vagy csokoládé krém)

A CRÈME BRÛLÉE FELTÉTHEZ:
- 1/4 csésze kristálycukor
- Konyhai zseblámpa karamellizáláshoz

UTASÍTÁS:
CHOUX PÜTEMÉNY:
a) Egy serpenyőben keverjük össze a vizet és a vajat. Közepes lángon addig melegítjük, amíg a vaj elolvad, és a keverék fel nem forr.
b) Levesszük a tűzről, egyszerre adjuk hozzá a lisztet, és addig keverjük, amíg golyót nem kapunk.
c) A tésztát hagyjuk hűlni néhány percig, majd egyenként adjuk hozzá a tojásokat, minden hozzáadás után jól felverjük.
d) Tegye át a tésztát egy zsákba, és pipálja ki az eclairt egy sütőlapra.
e) Előmelegített sütőben 190°C-ra sütjük körülbelül 30 percig, vagy amíg aranybarna nem lesz. Hagyjuk kihűlni.

TÖLTŐ:
f) Készítsünk csokoládékrémet vagy csokoládékrémet, és hagyjuk kihűlni.
g) Ha a choux tészta kihűlt, töltse meg az ekléreket úgy, hogy a közepébe csokoládé pudingot fecskendez vagy eloszlat.

CRÈME BRÛLÉE FELTÉT:
h) Minden eclair tetejére szórjunk vékony, egyenletes réteg kristálycukrot.
i) Konyhai zseblámpával karamellizáljuk a cukrot, amíg aranybarna kéreg nem lesz belőle. Mozgassa a fáklyát körkörös mozdulatokkal az egyenletes karamellizálás érdekében.
j) A karamellizált cukrot hagyjuk kihűlni és pár percig dermedni.
k) Tálalja a Crème Brûlée Chocolate Éclairs-t a ropogósan karamellizált öntet és a krémes csokoládé töltelék elragadó kontrasztjával.

24.Gluténmentes csokoládé Eclairs

ÖSSZETEVŐK:
A GLUTÉNMENTES CHOUX PÉTÉMÉHEZ:
- 1 csésze víz
- 1/2 csésze sótlan vaj
- 1 csésze gluténmentes univerzális liszt
- 1/2 teáskanál xantángumi (ha nem szerepel a lisztkeverékben)
- 4 nagy tojás

A TÖLTETÉSHEZ:
- 2 csésze gluténmentes csokikrém

A CSOKOLÁDÉMÁZHOZ:
- 1/2 csésze étcsokoládé, apróra vágva
- 1/4 csésze sótlan vaj
- 1 csésze porcukor
- 1/4 csésze forró víz

UTASÍTÁS:
GLUTÉNMENTES CHOUX PÜSTEEM:
a) Melegítsd elő a sütőt 190°C-ra, és bélelj ki egy tepsit sütőpapírral.
b) Egy serpenyőben keverjük össze a vizet és a vajat. Közepes lángon addig melegítjük, amíg a vaj elolvad, és a keverék fel nem forr.
c) Vegyük le a tűzről, adjuk hozzá a gluténmentes lisztet és a xantángumit (ha szükséges), és erőteljesen keverjük addig, amíg a keverék golyót nem kap.
d) Hagyjuk hűlni a tésztát néhány percig, majd egyenként adjuk hozzá a tojásokat, minden hozzáadás után alaposan verjük fel.
e) Helyezze át a gluténmentes choux tésztát egy zsákba, és pipálja ki az eclairt az előkészített tepsire.
f) Süssük körülbelül 30 percig, vagy amíg aranybarna nem lesz. Hagyjuk kihűlni.

TÖLTŐ:
g) Gluténmentes csokis tésztakrémet készítünk és hagyjuk kihűlni.
h) Ha a gluténmentes choux tészta kihűlt, töltse meg az ekléreket úgy, hogy a közepébe csokis tésztakrémet fecskendez vagy ken.

CSOKOLÁDÉMÁZ:

i) Egy hőálló tálban olvasszuk fel az étcsokoládét és a vajat dupla bojler fölött.
j) Levesszük a tűzről, hozzáadjuk a porcukrot, és a forró vízben fokozatosan simára keverjük.
k) Minden gluténmentes eclair tetejét mártsuk a csokimázba, hagyjuk, hogy a felesleg lecsepegjen.
l) A megtöltött és mázas gluténmentes ekléreket körülbelül 30 percre a hűtőben dermedni hagyjuk.
m) Tálald lehűtve, és élvezd ezeknek a finom csokoládé ekléreknek a gluténmentes változatát!

25.Csokoládé és sózott karamell Éclairs

ÖSSZETEVŐK:
A CHOUX PASTRY-HOZ:
- 1 csésze víz
- 1/2 csésze sótlan vaj
- 1 csésze univerzális liszt
- 4 nagy tojás

A TÖLTETÉSHEZ:
- 2 csésze sós karamell krém
- Kiegészítő tengeri só díszítéshez

A CSOKOLÁDÉMÁZHOZ:
- 1/2 csésze étcsokoládé, apróra vágva
- 1/4 csésze sótlan vaj
- 1 csésze porcukor
- 1/4 csésze forró víz

UTASÍTÁS:
CHOUX PÜTEMÉNY:
a) Melegítsd elő a sütőt 190°C-ra, és bélelj ki egy tepsit sütőpapírral.
b) Egy serpenyőben keverjük össze a vizet és a vajat. Közepes lángon addig melegítjük, amíg a vaj elolvad, és a keverék fel nem forr.
c) Levesszük a tűzről, hozzáadjuk a lisztet, és erőteljesen keverjük, amíg golyót nem kapunk.
d) A tésztát hagyjuk hűlni néhány percig, majd egyenként adjuk hozzá a tojásokat, minden hozzáadás után jól felverjük.
e) Tegye át a tésztát egy zsákba, és pipálja az eclairt az előkészített tepsire.
f) Süssük körülbelül 30 percig, vagy amíg aranybarna nem lesz. Hagyjuk kihűlni.

TÖLTŐ:
g) Sós karamellkrémet készíthet úgy, hogy tengeri sót tesz egy alap cukrászkrémbe vagy pudingba.
h) Miután a choux tészta kihűlt, töltse meg az ekléreket úgy, hogy a közepébe fecskendezi vagy kenje meg a sós karamell krémet.

CSOKOLÁDÉMÁZ:

i) Egy hőálló tálban olvasszuk fel az étcsokoládét és a vajat dupla bojler fölött.
j) Levesszük a tűzről, hozzáadjuk a porcukrot, és a forró vízben fokozatosan simára keverjük.
k) Minden eclair tetejét mártsuk a csokimázba, hagyjuk, hogy a felesleg lecsepegjen.
l) Szórjon meg egy csipet tengeri sót minden csokoládé-mázas eclair tetejére, hogy extra sós karamellízt kapjon.
m) A megtöltött és mázas ekléreket körülbelül 30 percre a hűtőben dermedni hagyjuk.
n) Tálalja lehűtve, és élvezze a csokoládé és a sós karamell kellemes kombinációját ezekben az éclairekben!

26.Pralinéval töltött csokoládé Éclairs

ÖSSZETEVŐK:
A CHOUX PASTRY-HOZ:
- 1 csésze víz
- 1/2 csésze sótlan vaj
- 1 csésze univerzális liszt
- 4 nagy tojás

A TÖLTETÉSHEZ:
- 2 csésze mogyorós praliné krém

A CSOKOLÁDÉMÁZHOZ:
- 1/2 csésze étcsokoládé, apróra vágva
- 1/4 csésze sótlan vaj
- Díszítésnek darált mogyoró

UTASÍTÁS:
CHOUX SÜTEMÉNY:
a) Melegítsd elő a sütőt 190°C-ra, és bélelj ki egy tepsit sütőpapírral.
b) Egy serpenyőben keverjük össze a vizet és a vajat. Közepes lángon addig melegítjük, amíg a vaj elolvad, és a keverék fel nem forr.
c) Levesszük a tűzről, hozzáadjuk a lisztet, és erőteljesen keverjük, amíg golyót nem kapunk.
d) A tésztát hagyjuk hűlni néhány percig, majd egyenként adjuk hozzá a tojásokat, minden hozzáadás után jól felverjük.
e) Tegye át a tésztát egy zsákba, és pipálja az eclairt az előkészített tepsire.
f) Süssük körülbelül 30 percig, vagy amíg aranybarna nem lesz. Hagyjuk kihűlni.

TÖLTŐ:
g) Mogyorós praliné krémet készíthet úgy, hogy darált mogyorót tesz bele egy alaptészta krémbe vagy pudingba.
h) Miután a choux tészta kihűlt, töltse meg az ekléreket úgy, hogy a közepébe fecskendezi vagy kenje meg a mogyorós praliné krémet.

CSOKOLÁDEMÁZ:
i) Egy hőálló tálban olvasszuk fel az étcsokoládét és a vajat dupla bojler fölött.

j) Minden eclair tetejét mártsuk a csokimázba, hagyjuk, hogy a felesleg lecsepegjen.
k) Szórjon darált mogyorót minden eklér tetejére, hogy még ízesebbé és állagosabbá tegye.
l) A megtöltött és mázas ekléreket körülbelül 30 percre a hűtőben dermedni hagyjuk.
m) Tálalja lehűtve, és kóstolja meg a praliné és csokoládé elragadó kombinációját ezekben az éclairekben!

27.Csokoládé pisztácia Éclairs

ÖSSZETEVŐK:
A CHOUX PASTRY-HOZ:
- 1 csésze víz
- 1/2 csésze sótlan vaj
- 1 csésze univerzális liszt
- 4 nagy tojás

A TÖLTETÉSHEZ:
- 2 csésze pisztáciás tésztakrém

A CSOKOLÁDÉMÁZHOZ:
- 1/2 csésze étcsokoládé, apróra vágva
- 1/4 csésze sótlan vaj
- Díszítésnek zúzott pisztácia

UTASÍTÁS:
CHOUX SÜTEMÉNY:
a) Melegítsd elő a sütőt 190°C-ra, és bélelj ki egy tepsit sütőpapírral.
b) Egy serpenyőben keverjük össze a vizet és a vajat. Közepes lángon addig melegítjük, amíg a vaj elolvad, és a keverék fel nem forr.
c) Levesszük a tűzről, hozzáadjuk a lisztet, és erőteljesen keverjük, amíg golyót nem kapunk.
d) A tésztát hagyjuk hűlni néhány percig, majd egyenként adjuk hozzá a tojásokat, minden hozzáadás után jól felverjük.
e) Tegye át a tésztát egy zsákba, és pipálja az eclairt az előkészített tepsire.
f) Süssük körülbelül 30 percig, vagy amíg aranybarna nem lesz. Hagyjuk kihűlni.

TÖLTŐ:
g) Készítsen pisztáciás tésztakrémet úgy, hogy zúzott pisztáciát adjon hozzá egy alaptészta krémhez vagy pudinghoz.
h) Miután a choux tészta kihűlt, töltse meg az ekléreket úgy, hogy a közepébe fecskendezi vagy kenje meg a pisztáciás tésztakrémet.

CSOKOLÁDEMÁZ:
i) Egy hőálló tálban olvasszuk fel az étcsokoládét és a vajat dupla bojler fölött.

j) Minden eclair tetejét mártsuk a csokimázba, hagyjuk, hogy a felesleg lecsepegjen.
k) Szórjon zúzott pisztáciát minden eklér tetejére, hogy hozzáadja az ízt és a textúrát.
l) A megtöltött és mázas ekléreket körülbelül 30 percre a hűtőben dermedni hagyjuk.
m) Tálalja lehűtve, és élvezze a csokoládé és a pisztácia elragadó kombinációját ezekben az éclairekben!

28. Chocolate Mousse Éclairs

ÖSSZETEVŐK:

A CHOUX PASTRY-HOZ:
- 1 csésze víz
- 1/2 csésze sótlan vaj
- 1 csésze univerzális liszt
- 4 nagy tojás

A csokoládéhabos töltelékhez:
- 1 1/2 csésze nehéz tejszín
- 1 csésze étcsokoládé, apróra vágva
- 1/4 csésze kristálycukor
- 1 teáskanál vanília kivonat

A CSOKOLÁDÉMÁZHOZ:
- 1/2 csésze étcsokoládé, apróra vágva
- 1/4 csésze sótlan vaj
- 1 csésze porcukor
- 1/4 csésze forró víz

UTASÍTÁS:

CHOUX SÜTEMÉNY:
a) Melegítsd elő a sütőt 190°C-ra, és bélelj ki egy tepsit sütőpapírral.
b) Egy serpenyőben keverjük össze a vizet és a vajat. Közepes lángon addig melegítjük, amíg a vaj elolvad, és a keverék fel nem forr.
c) Levesszük a tűzről, hozzáadjuk a lisztet, és erőteljesen keverjük, amíg golyót nem kapunk.
d) A tésztát hagyjuk hűlni néhány percig, majd egyenként adjuk hozzá a tojásokat, minden hozzáadás után jól felverjük.
e) Tegye át a tésztát egy zsákba, és pipálja az éclairt az előkészített tepsire.
f) Süssük körülbelül 30 percig, vagy amíg aranybarna nem lesz. Hagyjuk kihűlni.

Csokoládéhab töltelék:
g) Egy hőálló tálban olvasszuk fel az étcsokoládét dupla bojler fölött vagy mikrohullámú sütőben, keverjük simára. Hagyjuk kicsit kihűlni.

h) Egy külön tálban verjük fel a kemény tejszínt, amíg lágy csúcsok nem lesznek. Adjuk hozzá a cukrot és a vaníliakivonatot, és folytassuk a habverést, amíg kemény csúcsok nem lesznek.
i) Az olvasztott csokoládét óvatosan a tejszínhabbal keverjük jól össze.
j) Miután az éclaire kihűlt, töltse meg őket csokoládéhabbal úgy, hogy a habot a közepébe fecskendezi vagy szétteríti.

CSOKOLÁDÉMÁZ:
k) Egy hőálló tálban olvasszuk fel az étcsokoládét és a vajat dupla bojler fölött.
l) Levesszük a tűzről, hozzáadjuk a porcukrot, és a forró vízben fokozatosan simára keverjük.
m) Minden éclair tetejét mártsuk a csokimázba, hagyjuk, hogy a felesleg lecsepegjen.
n) Hagyja a megtöltött és mázas éclairt a hűtőszekrényben körülbelül 30 percig dermedni.
o) Tálalja lehűtve, és élvezze a dekadens és krémes Chocolate Mousse Éclairs-t

GYÜMÖLCSÖS ECLAIRS

29.Málna-barackos mousse Eclairs

ÖSSZETEVŐK:
ECLAIR TÉSZTA:
- 3 nagy tojás, szobahőmérsékleten
- 2/3 csésze víz
- 5 evőkanál sótlan vaj, 1/2 hüvelykes kockákra vágva
- 3/16 teáskanál só
- 2/3 csésze szitált univerzális liszt
- 1/2 teáskanál citromhéj

MÁLNA-BASASZAKHAB TÖLTETÉS:
- 1/4 csésze hideg víz
- 1 boríték ízesítetlen porzselatin
- 1 csésze tejszín, osztva
- 1 evőkanál kristálycukor
- 4 uncia svájci fehér csokoládé, durvára vágva
- 1/2 csésze fagyasztott málna, felengedve
- 2 evőkanál Chambord likőr
- 1/2 csésze finomra vágott friss vagy konzerv őszibarack

MÁLNASZÓSZ:
- 1 zacskó (12 uncia) fagyasztott málna
- 3/4 csésze kristálycukor
- 2 evőkanál Chambord likőr

DÍSZÍT:
- Porcukor
- Őszibarack szeletek
- Menta (opcionális)

UTASÍTÁS:
ECLAIR TÉSZTA:
a) Melegítsük elő a sütőt 425 F fokra. Béleljünk ki két tepsit sütőpapírral.
b) Egy üveg mérőedényben keverjük össze a tojásokat. Tartson 2 evőkanál felvert tojást egy kis csészébe.
c) Egy közepesen nehéz serpenyőben keverje össze a vizet, vajat és sót. Közepes lángon addig melegítjük, amíg a vaj elolvad.
d) Növelje a hőt közepesen magasra, és forralja fel a keveréket. Vegyük le a tűzről.

e) Dróthabverővel keverjük hozzá a lisztet és a citromhéjat. Erőteljesen keverjük, amíg a keverék sima nem lesz, és elválik a serpenyő oldalától.
f) Tegye vissza a serpenyőt a tűzre, folyamatosan keverje fakanállal. 30-60 másodpercig főzzük, amíg a paszta nagyon sima golyót nem kap.
g) Tegye át a masszát egy nagy tálba.
h) Öntse a fél csésze felvert tojást a masszára, és egy fakanállal erőteljesen verje 45-60 másodpercig, amíg a keverék sima, puha tésztát nem kap.
i) Töltsön meg egy 5/16 hüvelykes sima hegyű cukrászzacskót az eclair tésztával. Csőzzön 4 1/2 hüvelykes csíkot körülbelül 1/2 hüvelyk széles az előkészített sütőlapokra, és hagyjon körülbelül 1 1/2 hüvelyket az eclaire között.
j) Enyhén megkenjük az eklér tetejét a maradék felvert tojással.
k) Süssük az ekléreket 10 percig, majd csökkentsük a sütő hőmérsékletét 375 F fokra. Folytassuk a sütést 20-25 percig, amíg mély aranybarnák nem lesznek. Tegyük rácsra, és hűtsük le teljesen.

MÁLNA-BASASZAKHAB TÖLTETÉS:

l) Helyezze a hideg vizet egy kis csészébe. A zselatint rászórjuk a vízre, és 5 percig állni hagyjuk, hogy a zselatin megpuhuljon.
m) Egy kis serpenyőben keverjünk össze 1/2 csésze tejszínt és cukrot. Közepes lángon, folyamatos keverés mellett addig főzzük, amíg a keverék enyhén fel nem forr.
n) A megpuhult zselatint a forró tejszínhez adjuk, és addig keverjük, amíg a zselatin teljesen fel nem oldódik.
o) A fehér csokoládét aprítógépben finomra aprítjuk. Hozzáadjuk a forró tejszínes keveréket, és teljesen simára dolgozzuk.
p) Adjuk hozzá a felolvasztott málnát és a Chambordot a fehér csokis keverékhez. Simára dolgozzuk.
q) Öntse a keveréket egy közepes tálba, és keverje hozzá az apróra vágott őszibarackot.
r) Egy lehűtött közepes tálban, közepes sebességre állított kézi elektromos keverővel verje fel a maradék 1/2 csésze tejszínt, amíg lágy csúcsok kezdenek képződni.

s) A tejszínhabot óvatosan a fehércsokis málnás keverékhez keverjük.
t) Fedjük le a hab felületét műanyag fóliával, és tegyük hűtőbe 15 percre, vagy amíg olyan stádiumra nem sűrűsödik, hogy puha kupacokat képez. Ne hagyja, hogy a hab teljesen megdermedjen.

MÁLNASZÓSZ:
u) Egy közepes lábosban keverjük össze a fagyasztott málnát és a cukrot. Közepes lángon, folyamatos kevergetés mellett addig főzzük, amíg a cukor teljesen fel nem oldódik és a bogyók megpuhulnak. Ne hagyja forrni a keveréket.
v) A málna keveréket finom szitán át egy tálba szűrjük.
w) Keverje hozzá a Chambort. Lefedve hűtőbe tesszük tálalásig.

AZ ECLAIRS ÖSSZESZERELÉSE:
x) Vágja félbe az ekléreket, és távolítsa el a nedves tésztát.
y) Minden eklért töltsön meg körülbelül három evőkanál málnás-barack mousse töltelékkel.
z) Helyezze vissza az eclair tetejét.
aa) Kívánság szerint szórja meg az ecléreket cukrászcukorral.
bb) Minden desszerttányérra csorgassunk egy kis málnaszószt.
cc) A tetejére egy eklér.
dd) Ízlés szerint barackszeletekkel és mentával díszítjük.

30.narancs Eclairs

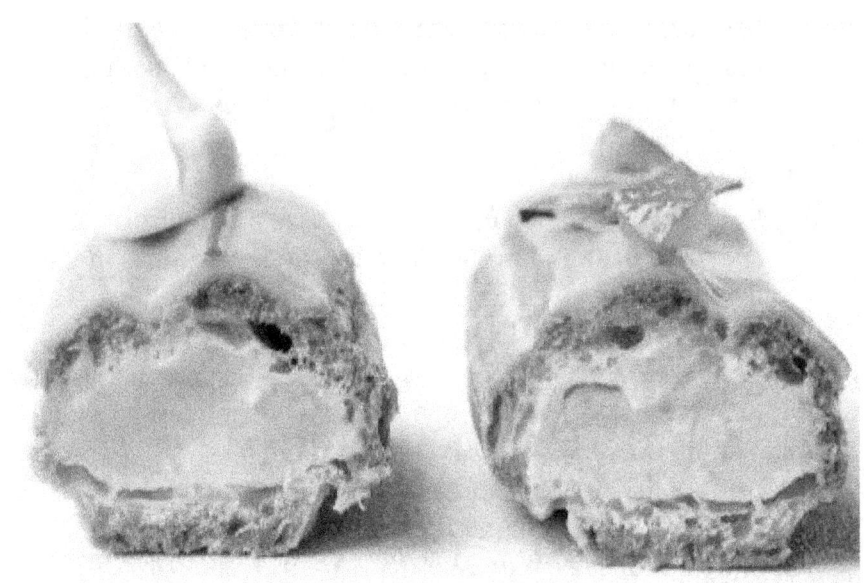

ÖSSZETEVŐK:
ECLAIRS:
- 3 evőkanál 70%-os írós-növényi olajos kenhető
- 1/4 teáskanál só
- 3/4 csésze univerzális liszt
- 2 tojás
- 1 tojás fehérje

PÜTEMÉNYKRÉM:
- 2/3 csésze 1%-os zsírszegény tej
- 3 evőkanál cukor
- 4 teáskanál univerzális liszt
- 2 teáskanál kukoricakeményítő
- 1/8 teáskanál só
- 1 tojássárgája
- 1 teáskanál 70%-os írós-növényi olajos kenhető
- 2 teáskanál reszelt narancshéj
- 1 teáskanál narancs kivonat
- 1/2 teáskanál vanília
- 12 csésze fagyasztott, zsírmentes, tejmentes felvert öntet, felengedve

CSOKOLÁDÉMÁZ:
- 1/4 csésze zsírszegény édesített sűrített tej
- 2 evőkanál cukrozatlan kakaópor
- 2-4 teáskanál víz (ha szükséges)

UTASÍTÁS:
ECLAIRS:
a) Egy kis serpenyőben keverje össze a növényi olajat, a sót és a 3/4 csésze vizet. Felforral. Vegyük le a tűzről.
b) Egyszerre adjuk hozzá a lisztet, és fakanállal gyorsan keverjük addig, amíg a keverék golyóvá nem áll össze.
c) Tegye a serpenyőt lassú tűzre 3-4 percre, hogy a tészta megszáradjon, folyamatosan keverve fakanállal. A tésztának lágynak és nem ragadósnak kell lennie.
d) Tegye át a tésztát egy konyhai robotgépbe vagy egy nagy teljesítményű elektromos keverőgépbe. 5 percig hűtjük.
e) Egyenként adjuk hozzá a tojást és a fehérjét, és minden hozzáadás után teljesen simára keverjük.

f) Kenjünk be egy tepsit tapadásmentes spray-vel. Töltsünk meg egy nagy cukrászzacskót (csúcs nélkül) a tésztával. Nyomj ki 8 eclairt, mindegyik 1" átmérőjű és 4" hosszúságú, a sütőlapra. Hagyja őket állni legalább 10 percig, hogy megszáradjanak.
g) Melegítse elő a sütőt 375 °F-ra. Süssük 35-40 percig, vagy amíg aranybarnára nem sül, és végig sütjük. Tegyük rácsra hűlni.

PÜTEMÉNYKRÉM:

h) Egy kis serpenyőben keverjük össze a tejet, a cukrot, a lisztet, a kukoricakeményítőt és a sót.
i) Közepes lángon, folyamatos keverés mellett főzzük, amíg a keverék fel nem forr és besűrűsödik, 4-5 percig.
j) Vegyük le a tűzről. Egy kis tálban enyhén felverjük a tojássárgáját. Fokozatosan keverje hozzá körülbelül 1/4 csésze forró tejes keveréket.
k) A tojássárgás keveréket visszaverjük a serpenyőben lévő tejes keverékhez. Tegye vissza a serpenyőt közepes-alacsony lángra, és keverje habverővel a keveréket addig, amíg éppen forrni kezd, körülbelül 30 másodpercig. Vegyük le a tűzről.
l) Keverje hozzá a növényi olajjal, a héjával, valamint a narancs- és vaníliakivonattal, amíg simára és megolvad. Tedd át egy tálba.
m) Nyomja a műanyag fóliát közvetlenül a felületre. Hűtsük le szobahőmérsékletre, majd alaposan hűtsük le a hűtőszekrényben, körülbelül 2 órán keresztül.
n) Beleforgatjuk a felvert feltétet. Hűtőbe tesszük az összeállításig.

ECLAIRS ÖSSZESZERELÉS:

o) Mindegyik eklért hosszában félbevágjuk.
p) Mindegyik eclair aljába kanalazunk körülbelül 3 evőkanál tésztakrémet. Cserélje ki a felsőket.

CSOKOLÁDEMÁZ:

q) Egy kis serpenyőben keverjük össze a sűrített tejet és a kakaóport.
r) Alacsony lángon, folyamatos keverés mellett melegítsük, amíg a keverék buborékosodik és besűrűsödik, 1-2 percig.
s) Kenjük az eklér tetejére. Ha túl sűrű a máz, hígítsuk 2-4 teáskanál vízzel.
t) Azonnal tálalja, és élvezze ezeket a finom Eclairs à l'Orange-t!

31. Passion Fruit Eclairs

ÖSSZETEVŐK:

AZ ECLAIRS SZÁMÁRA:
- ½ csésze sótlan vaj
- 1 csésze Víz
- 1 csésze univerzális liszt
- ¼ teáskanál kóser só
- 4 tojás

A PASSIÓGYÜMÖLCS SZÜTEMÉNYKRÉMHEZ:
- 6 maracuja (leve)
- 5 tojássárgája
- ⅓ csésze kukoricakeményítő
- ¼ teáskanál kóser só
- ⅔ csésze granulált cukor
- 2 csésze teljes tej
- 1 evőkanál vaj

UTASÍTÁS:

AZ ECLAIRS SZÁMÁRA:
a) Melegítse elő a sütőt 425 °F-ra.
b) Egy nagy fazékban a tűzhelyen forraljuk fel a vizet és a vajat.
c) Keverjük hozzá a sót, és miután feloldódott, adjuk hozzá a lisztet, és addig keverjük, amíg kocsonyás golyót nem kapunk.
d) Tegye át a forró tésztát egy keverőtálba, és hagyja hűlni 2 percig.
e) Egyenként adjuk hozzá a tojásokat, addig keverjük, amíg teljesen el nem keveredik.
f) Tegye át a tésztát egy zsákba.
g) Sütőpapírral bélelt tepsire 3 hüvelyk hosszú tésztát csípünk.
h) Süssük aranybarnára, körülbelül 20-25 perc alatt.
i) Hagyja kihűlni az ekléreket, majd vágja kettő, a töltelékét a felek közé helyezve, vagy egy cukrászzacskó segítségével pipálja be a töltelékét.

A PASSIÓGYÜMÖLCS SZÜTEMÉNYKRÉMHEZ:
j) Préselje ki a maracuja levét, szűrje le, hogy eltávolítsa a magokat.
k) Egy tálban keverjük össze a tojássárgáját, a kukoricakeményítőt, a sót és a cukrot.

l) Fokozatosan adjuk hozzá a forró tejet a tojásos keverékhez, miközben folyamatosan keverjük, hogy ne keverjük össze.

m) A keveréket visszaöntjük egy serpenyőbe, és közepes lángon addig melegítjük, amíg pudingszerű besűrűsödik.

n) Vegyük le a tűzről, adjunk hozzá maracuja-levet és vajat a forró tésztakrémhez, keverjük addig, amíg teljesen össze nem áll.

o) Hagyja a cukrászkrémet szobahőmérsékletre hűlni, majd műanyag fóliával letakarva legfeljebb 3 napig hűtse le.

p) Ha készen állunk az összeállításra, tegyük át a kihűlt cukrászkrémet egy cukrászzacskóba, szeleteljük fel az eclairt, és töltsük meg krémmel a belsejét.

32.Teljes kiőrlésű, gyümölcsös Eclairs

ÖSSZETEVŐK:
CHOUX SÜTEMÉNY:
- ½ csésze víz
- ¼ csésze sótlan vaj
- Csipet só
- ¼ csésze univerzális liszt
- ¼ csésze teljes kiőrlésű liszt
- 2 db egész tojás

TÖLTŐ:
- 1 csésze zsírmentes tej – vagy tejmentes diótej
- 2 evőkanál stevia cukorkeverék
- 1 db tojássárgája
- 2 evőkanál kukoricakeményítő
- Csipet só
- 1 teáskanál vanília
- ½ csésze tejszínhab
- Friss gyümölcsök öntethez

UTASÍTÁS:
a) Melegítse elő a sütőt 375 °F/190 fokra.
b) Egy serpenyőben keverjük össze a vizet, a vajat és a sót. Addig melegítjük, amíg a vaj elolvad és a víz felforr. Csökkentse a hőt. Adjuk hozzá a lisztet, és erőteljesen keverjük addig, amíg a keverék el nem hagyja a serpenyő oldalát. Vegyük le a tűzről, és kissé hűtsük le. Fakanállal; egyenként, simára verjük a tojásokat.
c) Folytassa a verést, amíg nagyon sima és fényes nem lesz. Tegye át a keveréket egy cukrászzacskóba. Körülbelül 3 hüvelyk hosszú, egymástól 2 hüvelyk távolságra lévő csíkokat húzzon ki. 375 F-on sütjük 30-45 percig; folytassa a sütést, amíg az éclairs megbarnul és teljesen megszárad. Rácsokon hűtsük le.

KRÉMTÖLTETÉS ELKÉSZÍTÉSE:
d) Egy serpenyőben keverjük össze a cukrot, a kukoricakeményítőt, a sót, a tejet és a tojássárgáját. Közepes lángon, folyamatos kevergetés mellett főzzük, amíg a keverék besűrűsödik. Vegyük le a tűzről. Keverjük hozzá a vaníliát. Hűtőbe tesszük kihűlni.
e) Ha a puding kihűlt, óvatosan beleforgatjuk a tejszínhabot. Helyezze egy csőzsákra.

ÖSSZEGYŰLNI:
f) Töltsük meg a péksüteményeket krémmel, és díszítsük friss gyümölccsel.
g) Szolgál.

33. Passiógyümölcs és málna Éclairs

ÖSSZETEVŐK:

A SEMÉLYES MÁZHOZ:
- 125 g víz
- 5 g NH-pektin (1 teáskanál)
- 30 g granulált cukor
- 100 g granulált cukor
- 8 g glükózszirup

A PASSION GYÜMÖLCS KRÉMHEZ:
- 75 g maracujalé (körülbelül 7 gyümölcs)
- 10 g citromlé
- 1 g zselatin
- 105 g tojás (~2)
- 85 g kristálycukor
- 155 g vaj (szobahőmérsékletű)

A MÁLNA KONFITHOZ:
- 60 g kristálycukor
- 4 g pektin (majdnem egy teáskanál)
- 90 g málnalé
- 30 g glükózszirup
- 20 g citromlé

A CHOUX PASTRY-HOZ:
- 85 g tej
- 85 g víz
- 1 csipet só
- 85 g sótlan vaj
- 85 g kenyérliszt
- 148 g tojás
- 3 g cukor
- 1 vanília kivonat

DEKORÁCIÓ:
- 100 g mandula paszta (50% mandulával)
- Sárga színezés (szükség szerint)
- Narancs színezés (szükség szerint)
- Arany ételcsillám (opcionális)
- 20 friss málna

UTASÍTÁS:
A SEMÉLYES MÁZHOZ:
a) Keverjünk össze 30 g cukrot a pektinnel.
b) Egy serpenyőben felforrósítjuk a vizet, folyamatos keverés közben beledolgozzuk a cukrot és a pektint.
c) Folyamatos keverés mellett hozzáadjuk a maradék cukrot és glükózt, és felforraljuk.
d) Szűrje le a keveréket, és tegye hűtőszekrénybe legalább 24 órára felhasználás előtt.

A PASSION GYÜMÖLCS KRÉMHEZ:
e) Vágja ketté a passiógyümölcsöt, húzza ki a pépet, szűrje le, hogy levét kapjon.
f) Hagyja a zselatint a maracuja lében virágozni 5 percig.
g) A maracuja-levet, a citromlevet, a cukrot és a tojást egy tálban, forrásban lévő víz fölött keverjük össze, és addig keverjük, amíg besűrűsödik.
h) Hűtsük le gyorsan a tejszínt 45 °C-ra, majd adjuk hozzá kétszer a kockára vágott vajat, miközben botmixerrel turmixoljuk. Hűtőszekrényben hűtjük.

A MÁLNA KONFITHOZ:
i) Keverje össze és szűrje le a friss málnát, hogy eltávolítsa a magokat (a teljes tömeg e lépés után 90 g legyen).
j) Forraljuk fel a málnalevet, keverjük össze a cukrot és a pektint, adjuk a málnához, és forraljuk fel. Hűtőbe tesszük, amíg szükséges.

A CHOUX PASTRY-HOZ:
k) Forraljuk fel a tejet, a vizet, a sót és a vajat egy serpenyőben. Győződjön meg róla, hogy a vaj teljesen felolvadt.
l) Vegyük le a tűzről, adjunk hozzá lisztet, keverjük össze, és tegyük vissza a serpenyőt a tűzre, és addig verjük, amíg a tészta elválik az oldaláról, és vékony réteget hagy az alján.
m) Tegyük át a tésztát egy tálba, hagyjuk kihűlni, és egyenként adjuk hozzá a tojásokat, amíg fényes, de szilárd nem lesz. Kivajazott vagy sütőpapírral bélelt tepsire 11 cm-es csíkokat csípünk.

n) Melegítsük elő a sütőt 250°C-ra, kapcsoljuk ki, hagyjuk benne a tepsit 12-16 percig. Kapcsold be a sütőt 160°C-ra, süsd tovább 25-30 percig.

AZ ÉCLAIRS ÖSSZESZERELÉSE:

o) Egy kés hegyével készítsen három lyukat a sült éclaire aljára.

p) Töltsük meg az éclaire-t kis mennyiségű málna confittal, majd töltsük meg teljesen maracujakrémmel.

q) Mandulapasztát dolgozzunk ki színezővel, hogy meleg sárga színt kapjunk, vágjuk éclair formájúra.

r) 120 g semleges mázat melegítsen folyékonyra (legfeljebb 40°C-ra).

s) Kenje meg az éclaire tetejét semleges mázzal, a tetejére ragasszon mandulapaszta fedőt.

t) A maradék mázhoz arany csillámot teszünk, a tetejére mandulapürét kenünk, majd szeletelt málnát és egy csipetnyi maradék málnás konfitot adunk hozzá.

34.Eper és krém Eclairs

ÖSSZETEVŐK:
ECLAIRS:
- 80 gramm (1/3 csésze) víz
- 80 gramm (1/3 csésze) teljes tej
- 72 gramm (5 evőkanál) sótlan vaj
- 3 gramm (3/4 teáskanál) szuperfinom cukor
- 2,5 gramm (1/2 teáskanál) só
- 90 gramm (3/4 csésze) fehér kenyérliszt
- 155 gramm (5 1/2 uncia) felvert tojás (3 közepes tojás)

KITÖLTÉSÉHEZ:
- 300 milliliter (1 1/4 csésze) kemény tejszín
- 1 evőkanál szuperfinom cukor
- 1 teáskanál vanília
- Porcukor, porrá
- 8-10 eper, szeletelve

UTASÍTÁS:
AZ ECLAIRS SZÁMÁRA:
a) Egy serpenyőben, közepes lángon keverjük össze a vizet, a tejet, a vajat, a szuperfinom cukrot és a sót. Enyhén forraljuk fel a keveréket (kb. 1 perc).
b) Ha felforrt, adjunk hozzá lisztet, és folyamatosan keverjük, amíg fényes tésztagolyót nem kapunk (kb. 2 perc).
c) Tegye át a tésztát egy nagy tálba, és hagyja hűlni 2 percig.
d) Lassan adjuk hozzá a felvert tojáskeverék egynegyedét, fakanállal keverjük homogénre.
e) Folytassa lassan a tojás hozzáadását, amíg a tészta el nem esik (3 másodperc alatt leesik a kanálról). Ügyeljen arra, hogy a keverék ne legyen túl folyós.
f) Tegye át a tésztát egy francia csillagfejű fúvókával ellátott csőzsákba. Egy szilikon szőnyeggel vagy sütőpapírral bélelt tepsire simítson tíz 5 hüvelykes tésztát. Fagyassza le 20 percig.
g) Melegítsük elő a sütőt 205 C/400 F fokra.
h) Közvetlenül az eklér hozzáadása előtt adjon hozzá 2 evőkanál vizet a sütő aljához, hogy gőzt képezzen. Azonnal helyezze be az ekléreket a sütőbe, csökkentse a hőmérsékletet 160 C/320 F fokra, és süsse aranybarnára (30-35 perc). Hagyjuk kihűlni.

A TÖLTETÉSHEZ:

i) Keverjük össze a tejszínt, a szuperfinom cukrot és a vaníliát, amíg nagyon lágy csúcsok nem lesznek.
j) Tegye át a keveréket egy francia csillagfejes fúvókával vagy más dekoratív csúccsal ellátott csőzsákba.

ÖSSZESZERELÉS:

k) A kihűlt eclair héjakat hosszában kettévágjuk, hogy felső és alsó héjat kapjunk.
l) A tetejét porcukorral enyhén meghintjük.
m) Az alsó héjakra szeletelt epret teszünk, majd a tetejére forgató mozdulatokkal tejszínhabot.
n) A felső héjakat ráhelyezzük a krémre, majd a tetejére kis golyókban még tejszínhabot csípünk, és további friss eperrel díszítjük.

35.Vegyes bogyós eclairs

ÖSSZETEVŐK:

A CHOUX PASTRY-HOZ:
- 1 csésze víz
- 1/2 csésze sótlan vaj
- 1 csésze univerzális liszt
- 1/2 teáskanál só
- 1 evőkanál cukor
- 4 nagy tojás

A VEGYES BOGYÓS TÖLTETÉSHEZ:
- 1 csésze eper, felkockázva
- 1/2 csésze áfonya
- 1/2 csésze málna
- 1/4 csésze szeder
- 1/4 csésze kristálycukor
- 1 evőkanál citromlé
- 1 evőkanál kukoricakeményítő 2 evőkanál vízzel elkeverve (sűrítéshez)

A VANÍLIÁS PÜTEMÉNYKRÉMHEZ:
- 2 csésze teljes tej
- 1/2 csésze kristálycukor
- 1/4 csésze kukoricakeményítő
- 4 nagy tojássárgája
- 2 teáskanál vanília kivonat

A BOGYÓMÁZHOZ :
- 1/2 csésze vegyes bogyós lekvár (szűrjük, hogy eltávolítsuk a magokat)
- 2 evőkanál vizet

UTASÍTÁS:
CHOUX SÜTEMÉNY:
a) Melegítsd elő a sütőt 220°C-ra (425°F). Egy tepsit kibélelünk sütőpapírral.
b) Egy serpenyőben, közepes lángon keverje össze a vizet, vajat, sót és cukrot. Felforral.
c) Vegyük le a tűzről, és gyorsan keverjük hozzá a lisztet, amíg tészta nem lesz.

d) Tegyük vissza a serpenyőt alacsony lángra, és főzzük a tésztát folyamatos keverés mellett 1-2 percig, hogy kiszáradjon.
e) Tegye át a tésztát egy nagy keverőtálba. Hagyjuk pár percig hűlni.
f) Egyenként adjuk hozzá a tojásokat, minden hozzáadás után alaposan verjük fel, amíg a tészta sima és fényes nem lesz.
g) Tegye át a tésztát egy nagy, kerek heggyel ellátott zsákba. Csőveljen 4 hüvelyk hosszú csíkokat az előkészített tepsire.
h) Süssük 15 percig 425 °F-on, majd csökkentsük a hőmérsékletet 375 °F-ra (190 °C), és süssük további 20 percig, vagy amíg aranybarna nem lesz. Hagyjuk teljesen kihűlni.

VEGYES bogyós töltelék:
i) Egy serpenyőben keverjük össze az epret, az áfonyát, a málnát, a szedret, a cukrot és a citromlevet.
j) Közepes lángon addig főzzük, amíg a bogyók kiengedik a levét és megpuhulnak.
k) Hozzákeverjük a kukoricakeményítő-víz keveréket, és addig főzzük, amíg a keverék besűrűsödik.
l) Levesszük a tűzről és hagyjuk kihűlni.

VANÍLIÁS PÜTEMÉNYKRÉM:
m) Egy serpenyőben melegítsük fel a tejet, amíg gőzölög, de nem forr.
n) Egy külön tálban habosra keverjük a cukrot, a kukoricakeményítőt és a tojássárgáját.
o) Fokozatosan öntsük a forró tejet a tojásos keverékhez, folyamatosan keverjük.
p) Tegyük vissza a keveréket a serpenyőbe, és közepes lángon főzzük állandó keverés közben, amíg besűrűsödik.
q) Levesszük a tűzről, belekeverjük a vaníliakivonatot, és hagyjuk kihűlni.

BOGYÓMÁZ:
r) Egy kis serpenyőben kevert bogyós lekvárt és vizet melegíts, amíg sima mázat nem kap.
s) Szűrjük le, hogy eltávolítsuk a magokat.

ÖSSZESZERELÉS:
t) Minden kihűlt eclairt vízszintesen kettévágunk.

u) Kanállal vagy pipás vaníliás tésztakrémet kenünk minden eklér alsó felére.
v) A cukrászkrémre kanalazzuk a kevert bogyós tölteléket.
w) Az eclair felső felét a töltelékre helyezzük.
x) Minden eklér tetejére csepegtessen vagy kenje meg a bogyós mázat.
y) Tálalja lehűtve, és élvezze az elragadó vegyes bogyós eclairet!

36.Málnás és citromos habcsók Eclairs

ÖSSZETEVŐK:
A CHOUX PASTRY-HOZ:
- 1 csésze víz
- 1/2 csésze sótlan vaj
- 1 csésze univerzális liszt
- 1/2 teáskanál só
- 1 evőkanál cukor
- 4 nagy tojás

A MÁLNA TÖLTETÉSÉHEZ:
- 1 csésze friss málna
- 1/4 csésze kristálycukor
- 1 evőkanál citromlé

A citromtúróhoz:
- 3 nagy citrom, héja és leve
- 1 csésze kristálycukor
- 4 nagy tojás
- 1/2 csésze sótlan vaj, kockára vágva

A habcsók feltéthez:
- 4 tojás fehérje
- 1 csésze kristálycukor
- 1 teáskanál vanília kivonat

UTASÍTÁS:
CHOUX SÜTEMÉNY:
a) Melegítsd elő a sütőt 220°C-ra (425°F). Egy tepsit kibélelünk sütőpapírral.
b) Egy serpenyőben, közepes lángon keverje össze a vizet, vajat, sót és cukrot. Felforral.
c) Vegyük le a tűzről, és gyorsan keverjük hozzá a lisztet, amíg tészta nem lesz.
d) Tegyük vissza a serpenyőt alacsony lángra, és főzzük a tésztát folyamatos keverés mellett 1-2 percig, hogy kiszáradjon.
e) Tegye át a tésztát egy nagy keverőtálba. Hagyjuk pár percig hűlni.
f) Egyenként adjuk hozzá a tojásokat, minden hozzáadás után alaposan verjük fel, amíg a tészta sima és fényes nem lesz.
g) Tegye át a tésztát egy nagy, kerek heggyel ellátott zsákba. Csőveljen 4 hüvelyk hosszú csíkokat az előkészített tepsire.

h) Süssük 15 percig 425 °F-on, majd csökkentsük a hőmérsékletet 375 °F-ra (190 °C), és süssük további 20 percig, vagy amíg aranybarna nem lesz. Hagyjuk teljesen kihűlni.

MÁLNA TÖLTETÉS:

i) Egy serpenyőben keverjük össze a málnát, a cukrot és a citromlevet.
j) Közepes lángon addig főzzük, amíg a málna össze nem esik és a keverék besűrűsödik.
k) Levesszük a tűzről és hagyjuk kihűlni.

CITROMOS TÚRÓ:

l) Egy hőálló tálban keverjük össze a citromhéjat, a citromlevet, a cukrot és a tojásokat.
m) Helyezze a tálat egy edénybe, ahol forró víz van, ügyelve arra, hogy az edény alja ne érjen hozzá a vízhez.
n) Folyamatosan keverjük, amíg a keverék besűrűsödik.
o) Vegyük le a tűzről, és keverjük simára a kockás vajat.
p) Szűrjük le a túrót, hogy eltávolítsuk a szilárd anyagokat. Hagyd hülni.

Habcsók öntet:

q) Egy tiszta, száraz tálban verje fel a tojásfehérjét, amíg lágy csúcsok nem lesznek.
r) Fokozatosan adjuk hozzá a cukrot, miközben addig verjük, amíg kemény csúcsok nem lesznek.
s) Óvatosan beleforgatjuk a vaníliakivonatot.

ÖSSZESZERELÉS:

t) Minden kihűlt eclairt vízszintesen kettévágunk.
u) Kanalazzon vagy pipázzon citromtúrót minden eklér alsó felére.
v) A citromtúróra kanalazzuk a málnás tölteléket.
w) Az eclair felső felét a töltelékre helyezzük.
x) Minden eklér tetejére pipa vagy kanál habcsók.
y) Használjon konyhai zseblámpát, hogy enyhén barnítsa meg a habcsókot, vagy helyezze az ekléreket a broiler alá néhány másodpercre.
z) Tálalja lehűtve, és minden falatban élvezze a málna, citrom és habcsók elragadó kombinációját!

37.Málnás és tejcsokoládé Eclairs

ÖSSZETEVŐK:

A CHOUX PASTRY-HOZ:
- 1 csésze víz
- 1/2 csésze sótlan vaj
- 1 csésze univerzális liszt
- 1/2 teáskanál só
- 1 evőkanál cukor
- 4 nagy tojás

A MÁLNA TÖLTETÉSÉHEZ:
- 1 csésze friss málna
- 1/4 csésze kristálycukor
- 1 evőkanál citromlé

A TEJCSOKOLÁDÁS GANACHEHOZ:
- 200 g tejcsokoládé, apróra vágva
- 1 csésze nehéz tejszín

UTASÍTÁS:

CHOUX SÜTEMÉNY:

a) Melegítsd elő a sütőt 220°C-ra (425°F). Egy tepsit kibélelünk sütőpapírral.
b) Egy serpenyőben, közepes lángon keverje össze a vizet, vajat, sót és cukrot. Felforral.
c) Vegyük le a tűzről, és gyorsan keverjük hozzá a lisztet, amíg tészta nem lesz.
d) Tegyük vissza a serpenyőt alacsony lángra, és főzzük a tésztát folyamatos keverés mellett 1-2 percig, hogy kiszáradjon.
e) Tegye át a tésztát egy nagy keverőtálba. Hagyjuk pár percig hűlni.
f) Egyenként adjuk hozzá a tojásokat, minden hozzáadás után alaposan verjük fel, amíg a tészta sima és fényes nem lesz.
g) Tegye át a tésztát egy nagy, kerek heggyel ellátott zsákba. Csőveljen 4 hüvelyk hosszú csíkokat az előkészített tepsire.
h) Süssük 15 percig 425 °F-on, majd csökkentsük a hőmérsékletet 375 °F-ra (190 °C), és süssük további 20 percig, vagy amíg aranybarna nem lesz. Hagyjuk teljesen kihűlni.

MÁLNA TÖLTETÉS:
i) Egy serpenyőben keverjük össze a málnát, a cukrot és a citromlevet.
j) Közepes lángon addig főzzük, amíg a málna össze nem esik és a keverék besűrűsödik.
k) Levesszük a tűzről és hagyjuk kihűlni.

TEJCSOKOLÁDÁS GANACHE:
l) A finomra vágott tejcsokoládét egy hőálló tálba tesszük.
m) Egy serpenyőben a tejszínt addig hevítjük, amíg el nem kezd forrni.
n) Öntsük a forró tejszínt a csokoládéra, és hagyjuk állni egy percig.
o) Keverjük simára és fényesre. Hagyjuk kicsit kihűlni.

ÖSSZESZERELÉS:
p) Minden kihűlt eclairt vízszintesen kettévágunk.
q) Minden eklér alsó felére kanalazunk vagy pipázzuk a málnás tölteléket.
r) Az eclair felső felét a töltelékre helyezzük.
s) Minden eclair tetejét mártsuk a tejcsokoládé ganache-ba, vagy kanalazzuk rá a ganache-t.
t) Hagyja pár percig dermedni a ganache-t.
u) Opcionális: Csorgassunk extra ganache-t a tetejére a dekoratív hatás érdekében.
v) Tálalja és élvezze az édes tejcsokoládé és a fanyar málna kellemes kombinációját ezekben az elragadó eklérekben!

38. Red Velvet Chocolate Raspberry Eclairs

ÖSSZETEVŐK:

CHOUX SÜTEMÉNY:
- 1 csésze víz
- 1/2 csésze sótlan vaj
- 1 csésze univerzális liszt
- 1 evőkanál kakaópor
- 1/4 teáskanál só
- 4 nagy tojás

VÖRÖS VELVET CSOKOLÁDÉS SZÜTEMÉNYKRÉM:
- 500 ml tej
- 120 g cukor
- 50 g sima liszt
- 60 g kakaópor
- 120 g tojássárgája (kb. 6 tojás)
- Piros ételfesték

CSOKIS MÁLÁS GANACHE:
- 200 ml sűrű tejszín
- 200 g étcsokoládé
- Málna kivonat vagy püré

UTASÍTÁS:

CHOUX SÜTEMÉNY:

a) Melegítsd elő a sütőt 200°C-ra (légkeveréses 180°C), és bélelj ki egy tepsit sütőpapírral.
b) Egy serpenyőben keverje össze a vizet, vajat, kakaóport és sót. Közepes lángon felforraljuk.
c) Egyszerre adjuk hozzá a lisztet, erőteljesen keverjük, amíg sima tésztát nem kapunk. Tovább főzzük keverés közben további 1-2 percig.
d) Tegye át a tésztát egy keverőtálba, és hagyja kissé kihűlni.
e) Egyenként adjuk hozzá a tojásokat, minden hozzáadás után alaposan verjük fel, amíg a tészta sima és fényes nem lesz.
f) Tegye át a choux tésztát egy zsákba, és pipázza éclair formára az előkészített tálcán.
g) Süssük aranybarnára és felfuvalkodott. Hagyjuk kihűlni.

VÖRÖS VELVET CSOKOLÁDÉS SZÜTEMÉNYKRÉM:

h) A tejet egy serpenyőben melegítsük fel, de nem forr.

i) Egy tálban habosra keverjük a cukrot, a lisztet és a kakaóport.
j) Fokozatosan adjuk hozzá a száraz hozzávalókat a meleg tejhez, folyamatosan keverjük, nehogy csomós legyen.
k) Egy külön tálban verjük fel a tojássárgáját. Fokozatosan adjunk hozzá egy merőkanálnyi forró tejes keveréket a tojássárgájához, folyamatosan keverjük.
l) A tojássárgás keveréket visszaöntjük a serpenyőbe, és tovább főzzük, amíg a tészta krém besűrűsödik.
m) Levesszük a tűzről, hozzáadjuk a piros ételfestéket, amíg el nem érjük a kívánt színt, majd hagyjuk kihűlni.

CSOKIS MÁLÁS GANACHE:
n) A kemény tejszínt egy serpenyőben addig hevítjük, amíg el nem kezd forrni.
o) A forró tejszínt ráöntjük az étcsokoládéra. Hagyjuk állni egy percig, majd keverjük simára.
p) Adjunk hozzá málnakivonatot vagy pürét a csokoládé ganache-hoz, hogy átitassa a málna ízét.

ÖSSZESZERELÉS:
q) A kihűlt éclairt vízszintesen kettévágjuk.
r) Tölts meg egy zacskót a vörös bársonyos csokoládés tésztakrémmel, és csorgasd rá minden éclair alsó felére.
s) Minden éclair tetejét mártsuk a csokis málna ganache-ba, hagyjuk, hogy a felesleg lecsepegjen.
t) Helyezze a csokoládéba mártott éclairt egy rácsra, hogy a ganache megdermedjen.
u) Opcionálisan csorgassunk még ganache-t a tetejére az extra dekadencia érdekében.

39.Banánkrémes pite Eclairs

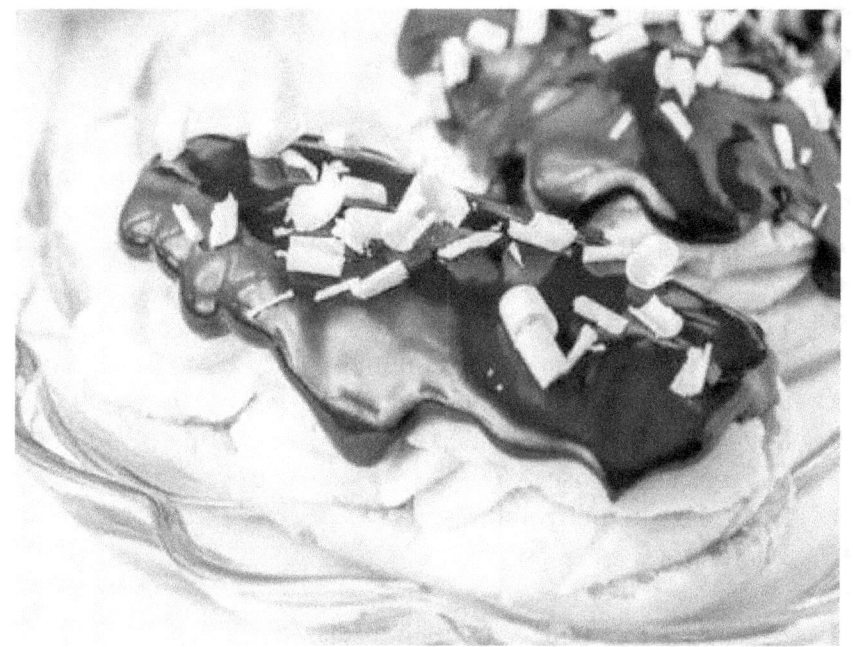

ÖSSZETEVŐK:
SHELLEKHEZ:
- 1/2 csésze (115 g) sótlan vaj
- 1 evőkanál cukor
- 1/4 teáskanál só
- 1 csésze (125 g) univerzális liszt
- 4 nagy tojás szobahőmérsékleten

KITÖLTÉSÉHEZ :
- 2 csésze (480 ml) teljes tej (2% is bevált)
- 1/3 csésze (65 g) cukor
- 3 tojássárgája
- 3 és fél evőkanál kukoricakeményítő
- 1 evőkanál tiszta vanília kivonat
- 1 evőkanál vaníliarúd paszta
- 1/4 teáskanál kóser só
- 1/2 csésze kemény habtejszín
- 2 banán

hoz :
- 1/2 csésze (120 ml) kemény habtejszín
- 1 csésze (175 g) félédes csokoládé chips
- 1 evőkanál sótlan vaj, lágyított (opcionális)

UTASÍTÁS:
a) Melegítse elő a sütőt 375 °F-ra (190 °C).

KÉSZÍTSÜK EL A PÉTA HÉJÁT:

b) Egy serpenyőben forraljuk fel a vizet, a vajat, a cukrot és a sót. Hozzáadjuk a lisztet, addig keverjük, amíg tésztagolyó nem lesz. 3-4 percig keverjük, amíg világos kéreg nem keletkezik.

c) Tegye át a tésztát egy keverőtálba, hűtse le szobahőmérsékletre. Egyenként hozzáadjuk a tojásokat, minden hozzáadás után jól felverjük. A tésztának sima és szalagszerűnek kell lennie.

d) Vágja a tésztát 4 hüvelykes csíkokra, és süsse 30-35 percig, amíg felfúvódott és aranybarna nem lesz. Kihűlés után vízszintesen kettévágjuk az eklereket.

KÉSZÍTSÜK A PUDDINGOT:

e) Forraljuk fel a tejet egy serpenyőben. Egy tálban habosra keverjük a tojássárgáját, a cukrot, a kukoricakeményítőt, a vaníliakivonatot, a vaníliarúd masszát és a sót. Lassan adjuk hozzá a forrázott tejet, hogy a tojásos keveréket temperálja.
f) Közepes lángon, folyamatos kevergetés mellett sűrűre főzzük. Szűrjük át egy szitán és hűtsük le.
g) A tejszínt kemény habbá verjük. A kihűlt pudingba forgatjuk.

ÖSSZESZERELÉSI ECLAIRS:
h) Az éclair héjak alsó felére banánszeleteket rétegezünk.
i) Csővelje le a tölteléket, és helyezze vissza a héjak tetejét.
j) Forraljuk fel a sűrű tejszínt. Ráöntjük a csokireszelékre, 2 percig állni hagyjuk, majd simára keverjük. Keverje hozzá a vajat a fényességért.
k) Öntsük a csokis ganache-t az eklérekre, és tálaljuk.
l) Az összeszerelt eklerek legfeljebb 2 napig tárolhatók a hűtőszekrényben.
m) Kényeztesse magát ezeknek a banánkrémes pite Eclaire-nek a dekadenciájában, hogy elragadó csemegét szerezzen!

40. Strawberry Cream Éclairs

ÖSSZETEVŐK:
A CHOUX PASTRY-HOZ:
- 1 csésze víz
- 1/2 csésze sótlan vaj
- 1 csésze univerzális liszt
- 4 nagy tojás

A TÖLTETÉSHEZ:
- 2 csésze tejszínhab
- 1 csésze friss eper, felkockázva

A MÁZHOZ:
- 1/2 csésze fehér csokoládé, apróra vágva
- 1/4 csésze sótlan vaj
- 1 csésze porcukor
- 1/4 csésze forró víz

UTASÍTÁS:
CHOUX SÜTEMÉNY:
a) Melegítsd elő a sütőt 190°C-ra, és bélelj ki egy tepsit sütőpapírral.
b) Egy serpenyőben keverjük össze a vizet és a vajat. Közepes lángon addig melegítjük, amíg a vaj elolvad, és a keverék fel nem forr.
c) Levesszük a tűzről, hozzáadjuk a lisztet, és erőteljesen keverjük, amíg golyót nem kapunk.
d) A tésztát hagyjuk hűlni néhány percig, majd egyenként adjuk hozzá a tojásokat, minden hozzáadás után jól felverjük.
e) Tegye át a tésztát egy zsákba, és pipálja az éclairt az előkészített tepsire.
f) Süssük körülbelül 30 percig, vagy amíg aranybarna nem lesz. Hagyjuk kihűlni.

TÖLTŐ:
g) A tejszínt kemény habbá verjük.
h) Óvatosan beleforgatjuk a felkockázott epret.
i) Ha kihűltek az éclairek, töltsük meg az eperkrémes keverékkel.

ZOMÁNC:
j) Egy hőálló tálban dupla kazán felett felolvasztjuk a fehér csokoládét és a vajat.
k) Levesszük a tűzről, hozzáadjuk a porcukrot, és a forró vízben fokozatosan simára keverjük.
l) Minden éclair tetejét mártsuk a fehér csokoládé mázba, hagyjuk, hogy a felesleg lecsepegjen.
m) Tálald lehűtve, és élvezd a frissítő Strawberry Cream Éclairs-t!

41. Mango Passionfruit Éclairs

ÖSSZETEVŐK:
A CHOUX PASTRY-HOZ:
- 1 csésze víz
- 1/2 csésze sótlan vaj
- 1 csésze univerzális liszt
- 4 nagy tojás

A TÖLTETÉSHEZ:
- 2 csésze mangós passiógyümölcs mousse

A MÁZHOZ:
- 1/2 csésze fehér csokoládé, apróra vágva
- 1/4 csésze sótlan vaj
- 1 csésze porcukor
- 1/4 csésze forró víz

UTASÍTÁS:
CHOUX SÜTEMÉNY:
a) Melegítsd elő a sütőt 190°C-ra, és bélelj ki egy tepsit sütőpapírral.
b) Egy serpenyőben keverjük össze a vizet és a vajat. Közepes lángon addig melegítjük, amíg a vaj elolvad, és a keverék fel nem forr.
c) Levesszük a tűzről, hozzáadjuk a lisztet, és erőteljesen keverjük, amíg golyót nem kapunk.
d) A tésztát hagyjuk hűlni néhány percig, majd egyenként adjuk hozzá a tojásokat, minden hozzáadás után jól felverjük.
e) Tegye át a tésztát egy zsákba, és pipálja az éclairt az előkészített tepsire.
f) Süssük körülbelül 30 percig, vagy amíg aranybarna nem lesz. Hagyjuk kihűlni.

TÖLTŐ:
g) Készítse el a mangós passiógyümölcs-habot az érett mangó, a maracuja pépes és a tejszínhab simára keverésével.
h) Miután a choux tészta kihűlt, töltse meg az éclairt úgy, hogy a közepébe fecskendezi vagy kenje szét a mangós passiógyümölcs mousse-t.

ZOMÁNC:

i) Egy hőálló tálban olvasszuk fel a fehér csokoládét és a vajat dupla kazán felett.
j) Levesszük a tűzről, hozzáadjuk a porcukrot, és a forró vízben fokozatosan simára keverjük.
k) Minden éclair tetejét mártsuk a fehér csokoládé mázba, hagyjuk, hogy a felesleg lecsepegjen.
l) Tálalja lehűtve, és élvezze a Mango Passionfruit Éclairs trópusi ízeit!

42. Lemon Blueberry Éclairs

ÖSSZETEVŐK:
A CHOUX PASTRY-HOZ:
- 1 csésze víz
- 1/2 csésze sótlan vaj
- 1 csésze univerzális liszt
- 4 nagy tojás

A TÖLTETÉSHEZ:
- 2 csésze citrom ízű tésztakrém
- 1 csésze friss áfonya

A MÁZHOZ:
- 1/2 csésze fehér csokoládé, apróra vágva
- 1/4 csésze sótlan vaj
- 1 csésze porcukor
- 1/4 csésze forró víz

UTASÍTÁS:
CHOUX SÜTEMÉNY:
a) Melegítsd elő a sütőt 190°C-ra, és bélelj ki egy tepsit sütőpapírral.
b) Egy serpenyőben keverjük össze a vizet és a vajat. Közepes lángon addig melegítjük, amíg a vaj elolvad, és a keverék fel nem forr.
c) Levesszük a tűzről, hozzáadjuk a lisztet, és erőteljesen keverjük, amíg golyót nem kapunk.
d) A tésztát hagyjuk hűlni néhány percig, majd egyenként adjuk hozzá a tojásokat, minden hozzáadás után jól felverjük.
e) Tegye át a tésztát egy zsákba, és pipálja az éclairt az előkészített tepsire.
f) Süssük körülbelül 30 percig, vagy amíg aranybarna nem lesz. Hagyjuk kihűlni.

TÖLTŐ:
g) Töltsük meg az éclairt citromízű tésztakrémmel.
h) A tejszínre szórjuk a friss áfonyát.

ZOMÁNC:
i) Egy hőálló tálban dupla kazán felett felolvasztjuk a fehér csokoládét és a vajat.

j) Levesszük a tűzről, hozzáadjuk a porcukrot, és a forró vízben fokozatosan simára keverjük.
k) Minden éclair tetejét mártsuk a fehér csokoládé mázba, hagyjuk, hogy a felesleg lecsepegjen.
l) Tálald lehűtve, és élvezd a Lemon Blueberry Éclairs zamatos és gyümölcsös ízét!

43. Málnás mandula Éclairs

ÖSSZETEVŐK:
A CHOUX PASTRY-HOZ:
- 1 csésze víz
- 1/2 csésze sótlan vaj
- 1 csésze univerzális liszt
- 4 nagy tojás

A TÖLTETÉSHEZ:
- 2 csésze mandula ízű tésztakrém
- 1 csésze friss málna

A MÁZHOZ:
- 1/2 csésze fehér csokoládé, apróra vágva
- 1/4 csésze sótlan vaj
- 1 csésze porcukor
- 1/4 csésze forró víz

UTASÍTÁS:
CHOUX SÜTEMÉNY:
a) Melegítsd elő a sütőt 190°C-ra, és bélelj ki egy tepsit sütőpapírral.
b) Egy serpenyőben keverjük össze a vizet és a vajat. Közepes lángon addig melegítjük, amíg a vaj elolvad, és a keverék fel nem forr.
c) Levesszük a tűzről, hozzáadjuk a lisztet, és erőteljesen keverjük, amíg golyót nem kapunk.
d) A tésztát hagyjuk hűlni néhány percig, majd egyenként adjuk hozzá a tojásokat, minden hozzáadás után jól felverjük.
e) Tegye át a tésztát egy zsákba, és pipálja az éclairt az előkészített tepsire.
f) Süssük körülbelül 30 percig, vagy amíg aranybarna nem lesz. Hagyjuk kihűlni.
TÖLTŐ:
g) Töltsük meg az éclairt mandula ízű tésztakrémmel.
h) A krém tetejére friss málnát teszünk.
ZOMÁNC:
i) Egy hőálló tálban olvasszuk fel a fehér csokoládét és a vajat dupla kazán felett.
j) Levesszük a tűzről, hozzáadjuk a porcukrot, és a forró vízben fokozatosan simára keverjük.
k) Minden éclair tetejét mártsuk a fehér csokoládé mázba, hagyjuk, hogy a felesleg lecsepegjen.
l) Tálalja lehűtve, és élvezze a mandula és a málna elragadó kombinációját ezekben az Éclairs-ben!

44.Ananászos kókuszos Éclairs

ÖSSZETEVŐK:
A CHOUX PASTRY-HOZ:
- 1 csésze víz
- 1/2 csésze sótlan vaj
- 1 csésze univerzális liszt
- 4 nagy tojás

A TÖLTETÉSHEZ:
- 2 csésze kókuszkrém
- 1 csésze friss ananász, kockára vágva

A MÁZHOZ:
- 1/2 csésze fehér csokoládé, apróra vágva
- 1/4 csésze sótlan vaj
- 1 csésze porcukor
- 1/4 csésze forró víz

UTASÍTÁS:
CHOUX SÜTEMÉNY:
a) Melegítsd elő a sütőt 190°C-ra, és bélelj ki egy tepsit sütőpapírral.
b) Egy serpenyőben keverjük össze a vizet és a vajat. Közepes lángon addig melegítjük, amíg a vaj elolvad, és a keverék fel nem forr.
c) Levesszük a tűzről, hozzáadjuk a lisztet, és erőteljesen keverjük, amíg golyót nem kapunk.
d) A tésztát hagyjuk hűlni néhány percig, majd egyenként adjuk hozzá a tojásokat, minden hozzáadás után jól felverjük.
e) Tegye át a tésztát egy zsákba, és pipálja az éclairt az előkészített tepsire.
f) Süssük körülbelül 30 percig, vagy amíg aranybarna nem lesz. Hagyjuk kihűlni.

TÖLTŐ:
g) Töltsük meg az éclairt kókuszkrémmel.
h) A krém tetejére kockára vágott friss ananászt teszünk.

ZOMÁNC:
i) Egy hőálló tálban dupla kazán felett felolvasztjuk a fehér csokoládét és a vajat.
j) Levesszük a tűzről, hozzáadjuk a porcukrot, és a forró vízben fokozatosan simára keverjük.
k) Minden éclair tetejét mártsuk a fehér csokoládé mázba, hagyjuk, hogy a felesleg lecsepegjen.
l) Tálalja lehűtve, és ízlelje meg a Pineapple Coconut Éclairs trópusi finomságát!

45. Vegyes bogyós és citromhéjas Éclairs

ÖSSZETEVŐK:

A CHOUX PASTRY-HOZ:
- 1 csésze víz
- 1/2 csésze sótlan vaj
- 1 csésze univerzális liszt
- 4 nagy tojás

A TÖLTETÉSHEZ:
- 2 csésze vegyes bogyó kompót (eper, áfonya, málna)
- Citromhéj a díszítéshez

A MÁZHOZ:
- 1/2 csésze fehér csokoládé, apróra vágva
- 1/4 csésze sótlan vaj
- 1 csésze porcukor
- 1/4 csésze forró víz

UTASÍTÁS:

CHOUX SÜTEMÉNY:
a) Melegítsd elő a sütőt 190°C-ra, és bélelj ki egy tepsit sütőpapírral.
b) Egy serpenyőben keverjük össze a vizet és a vajat. Közepes lángon addig melegítjük, amíg a vaj elolvad, és a keverék fel nem forr.
c) Levesszük a tűzről, hozzáadjuk a lisztet, és erőteljesen keverjük, amíg golyót nem kapunk.
d) A tésztát hagyjuk hűlni néhány percig, majd egyenként adjuk hozzá a tojásokat, minden hozzáadás után jól felverjük.
e) Tegye át a tésztát egy zsákba, és pipálja az éclairt az előkészített tepsire.
f) Süssük körülbelül 30 percig, vagy amíg aranybarna nem lesz. Hagyjuk kihűlni.

TÖLTŐ:
g) Töltsük meg az éclairt vegyes bogyós kompóttal, eper, áfonya és málna keverékével.
h) Díszítsük citromhéjjal, hogy finom csavart kapjunk.

ZOMÁNC:
i) Egy hőálló tálban olvasszuk fel a fehér csokoládét és a vajat dupla kazán felett.

j) Levesszük a tűzről, hozzáadjuk a porcukrot, és a forró vízben fokozatosan simára keverjük.
k) Minden éclair tetejét mártsuk a fehér csokimázba, hagyjuk, hogy a felesleg lecsepegjen.
l) Tálalja lehűtve, és élvezze a bogyós ízeket ezekben a vegyes bogyós és citromhéjas Éclairs-ben!

46. Peach Ginger Éclairs

ÖSSZETEVŐK:
A CHOUX PASTRY-HOZ:
- 1 csésze víz
- 1/2 csésze sótlan vaj
- 1 csésze univerzális liszt
- 4 nagy tojás

A TÖLTETÉSHEZ:
- 2 csésze őszibarack ízű tésztakrém
- 1 csésze friss őszibarack, kockára vágva
- 1 teáskanál friss gyömbér, reszelve

A MÁZHOZ:
- 1/2 csésze fehér csokoládé, apróra vágva
- 1/4 csésze sótlan vaj
- 1 csésze porcukor
- 1/4 csésze forró víz

UTASÍTÁS:
CHOUX SÜTEMÉNY:
a) Melegítsd elő a sütőt 190°C-ra, és bélelj ki egy tepsit sütőpapírral.
b) Egy serpenyőben keverjük össze a vizet és a vajat. Közepes lángon addig melegítjük, amíg a vaj elolvad, és a keverék fel nem forr.
c) Levesszük a tűzről, hozzáadjuk a lisztet, és erőteljesen keverjük, amíg golyót nem kapunk.
d) A tésztát hagyjuk hűlni néhány percig, majd egyenként adjuk hozzá a tojásokat, minden hozzáadás után jól felverjük.
e) Tegye át a tésztát egy zsákba, és pipálja az éclairt az előkészített tepsire.
f) Süssük körülbelül 30 percig, vagy amíg aranybarna nem lesz. Hagyjuk kihűlni.

TÖLTŐ:
g) Az éclairet megtöltjük barackízű tésztakrémmel.
h) Keverjük össze a kockára vágott friss őszibarackot és a reszelt gyömbért, és helyezzük a krém tetejére.

ZOMÁNC:

i) Egy hőálló tálban dupla kazán felett felolvasztjuk a fehér csokoládét és a vajat.
j) Levesszük a tűzről, hozzáadjuk a porcukrot, és a forró vízben fokozatosan simára keverjük.
k) Minden éclair tetejét mártsuk a fehér csokoládé mázba, hagyjuk, hogy a felesleg lecsepegjen.
l) Tálalja lehűtve, és élvezze az őszibarack és gyömbér egyedülálló kombinációját ezekben az Éclairs-ben!

47. Blackberry Lemon Éclairs

ÖSSZETEVŐK:
A CHOUX PASTRY-HOZ:
- 1 csésze víz
- 1/2 csésze sótlan vaj
- 1 csésze univerzális liszt
- 4 nagy tojás

A TÖLTETÉSHEZ:
- 2 csésze citrom ízű tésztakrém
- 1 csésze friss szeder

A MÁZHOZ:
- 1/2 csésze fehér csokoládé, apróra vágva
- 1/4 csésze sótlan vaj
- 1 csésze porcukor
- 1/4 csésze forró víz

UTASÍTÁS:
CHOUX SÜTEMÉNY:
a) Melegítsd elő a sütőt 190°C-ra, és bélelj ki egy tepsit sütőpapírral.
b) Egy serpenyőben keverjük össze a vizet és a vajat. Közepes lángon addig melegítjük, amíg a vaj elolvad, és a keverék fel nem forr.
c) Levesszük a tűzről, hozzáadjuk a lisztet, és erőteljesen keverjük, amíg golyót nem kapunk.
d) A tésztát hagyjuk hűlni néhány percig, majd egyenként adjuk hozzá a tojásokat, minden hozzáadás után jól felverjük.
e) Tegye át a tésztát egy zsákba, és pipálja az éclairt az előkészített tepsire.
f) Süssük körülbelül 30 percig, vagy amíg aranybarna nem lesz. Hagyjuk kihűlni.

TÖLTŐ:
g) Töltsük meg az éclairt citromízű tésztakrémmel.
h) A krém tetejére friss szeder kerül.

ZOMÁNC:
i) Egy hőálló tálban olvasszuk fel a fehér csokoládét és a vajat dupla kazán felett.

j) Levesszük a tűzről, hozzáadjuk a porcukrot, és a forró vízben fokozatosan simára keverjük.
k) Minden éclair tetejét mártsuk a fehér csokimázba, hagyjuk, hogy a felesleg lecsepegjen.
l) Tálald lehűtve, és élvezd a Blackberry Lemon Éclairs frissítő ízét!

48. Kiwi Coconut Éclairs

ÖSSZETEVŐK:
A CHOUX PASTRY-HOZ:
- 1 csésze víz
- 1/2 csésze sótlan vaj
- 1 csésze univerzális liszt
- 4 nagy tojás

A TÖLTETÉSHEZ:
- 2 csésze kókuszkrém
- 1 csésze friss kivi, szeletelve

A MÁZHOZ:
- 1/2 csésze fehér csokoládé, apróra vágva
- 1/4 csésze sótlan vaj
- 1 csésze porcukor
- 1/4 csésze forró víz

UTASÍTÁS:
CHOUX SÜTEMÉNY:
a) Melegítsd elő a sütőt 190°C-ra, és bélelj ki egy tepsit sütőpapírral.
b) Egy serpenyőben keverjük össze a vizet és a vajat. Közepes lángon addig melegítjük, amíg a vaj elolvad, és a keverék fel nem forr.
c) Levesszük a tűzről, hozzáadjuk a lisztet, és erőteljesen keverjük, amíg golyót nem kapunk.
d) A tésztát hagyjuk hűlni néhány percig, majd egyenként adjuk hozzá a tojásokat, minden hozzáadás után jól felverjük.
e) Tegye át a tésztát egy zsákba, és pipálja az éclairt az előkészített tepsire.
f) Süssük körülbelül 30 percig, vagy amíg aranybarna nem lesz. Hagyjuk kihűlni.

TÖLTŐ:
g) Töltsük meg az éclairt kókuszkrémmel.
h) Rendezzünk friss kivi szeleteket a krém tetejére.

ZOMÁNC:
i) Egy hőálló tálban dupla kazán felett felolvasztjuk a fehér csokoládét és a vajat.

j) Levesszük a tűzről, hozzáadjuk a porcukrot, és a forró vízben fokozatosan simára keverjük.
k) Minden éclair tetejét mártsuk a fehér csokoládé mázba, hagyjuk, hogy a felesleg lecsepegjen.
l) Tálald lehűtve, és élvezd a Kiwi Coconut Éclairs trópusi ízeit!

DIÓS ECLAIRS

49.Csokoládé mandulás makaróni Eclairs

ÖSSZETEVŐK:
ECLAIR TÉSZTA:
- 3 nagy tojás, szobahőmérsékleten
- 1/2 csésze víz
- 4 1/2 evőkanál sótlan vaj, 1/2 hüvelykes kockákra vágva
- 1 1/2 evőkanál kristálycukor
- 3/4 csésze szitált univerzális liszt
- 3 evőkanál szitált cukrozatlan lúgosított kakaópor

MANDULA-MAKARUNÁS TÉTEL:
- 2 csésze kókuszreszelék
- 1/2 csésze édesített sűrített tej
- 1/2 csésze pirított apróra vágott mandula

CSOKOLÁDÉMÁZ:
- 10 uncia félédes csokoládé, apróra vágva
- 8 uncia nehéz tejszín
- 1 evőkanál világos kukoricaszirup

UTASÍTÁS:
ELŐÍRÁSOK ELKÉSZÍTÉSE:
a) Melegítsük elő a sütőt 425 F fokra. Béleljünk ki két tepsit sütőpapírral.
b) Egy üveg mérőedényben keverjük össze a tojásokat. Tartson 2 evőkanál felvert tojást egy kis csészébe.
c) Egy serpenyőben keverjük össze a vizet, a vajat és a cukrot. Addig melegítjük, amíg a vaj elolvad. Forraljuk fel, majd vegyük le a tűzről.
d) A lisztet és a kakaót simára keverjük. Folyamatos kevergetés mellett visszatesszük a tűzre, amíg sima golyót nem kapunk.
e) Tegye át a masszát egy tálba. Öntsük a felvert tojásból fenntartott 1/2 csésze felvert tojást a masszára, és addig verjük, amíg sima, lágy tésztát nem kapunk.
f) Töltsön meg egy 5/16 hüvelykes sima hegyű cukrászzacskót az eclair tésztával. Csípíts csíkokat az előkészített tepsire.
g) Az eklér tetejét megkenjük a maradék felvert tojással.
h) Süssük 10 percig, majd csökkentsük a hőmérsékletet 375 F-ra, és folytassuk a sütést 20-25 percig, amíg ropogós és fényes nem lesz. Hűtsük le teljesen.

KÉSZÍTSÜK A MANDULA-MAKRÓNOS TÖLTETÉST:
i) Egy tálban keverjük össze a kókuszt, az édesített sűrített tejet és a mandulát.
j) Keverjük jól össze.

ELKÉSZÍTÉSE A CSOKOLÁDÉMÁZOT:
k) Helyezze a csokoládét egy közepes tálba.
l) A tejszínt és a kukoricaszirupot egy serpenyőben felforraljuk. Öntsük rá a csokit, és hagyjuk állni 30 másodpercig.
m) Habverővel simára keverjük.

AZ ECLAIRS ÖSSZESZERELÉSE ÉS MAZÁSA:
n) Vágja félbe az ekléreket, és távolítsa el a nedves tésztát.
o) Minden eklért töltsön meg körülbelül 3 evőkanál mandulás-macaroon töltelékkel.
p) Helyezze vissza minden eklér tetejét.
q) Mártson három egész mandulát a csokimázba, és helyezze az eklér tetejére.
r) Hagyjuk állni 2 percig, majd óvatosan öntsük a mázat az eklérekre, így a tetejét és az oldalát is befedjük.
s) Tálalásig hűtsük le.
t) Élvezze ezeket az elragadó csokoládé mandulás macaroon eklereket!

50.Pisztácia citrom Éclairs

ÖSSZETEVŐK:

Kandírozott citromhoz (OPCIONÁLIS):
- 10 db sunquat (mini citrom)
- 2 csésze víz
- 2 csésze cukor

PISZTÁCIAPASZTÁHOZ:
- 60 g héj nélküli pisztácia (nem pörkölt)
- 10 g szőlőmagolajat

Pisztáciás-citromos mousseline KRÉMHEZ:
- 500 g tej
- 2 citrom héja
- 120 g sárgája
- 120 g cukor
- 40 g kukoricakeményítő
- 30 g pisztácia paszta (vagy 45 g bolti vásárlás esetén)
- 120 g lágy vaj (kockákra vágva)

PISTÁCÁS MARCIPÁNHOZ:
- 200 g marcipán
- 15 g pisztácia paszta
- Zöld ételfesték (gél)
- Egy kis porcukor

SZÜTEMÉNYHEZ :
- 125 g vaj
- 125 g tej
- 125 g víz
- 5 g cukor
- 5 g só
- 140 g liszt
- 220 g tojás

MÁZHOZ :
- 200 g nappage neutre (semleges zselés máz)
- 100 g víz
- Zöld ételfesték (gél)

DÍSZÍTÉSRE:
- Őrölt pisztácia

UTASÍTÁS:

Kandírozott citrom (elhagyható):
a) Készítsen jeges fürdőt (egy fazék vízzel és jéggel), és tegye félre.
b) Éles késsel vágjon vékony citromszeleteket. Dobja el a magokat.
c) Egy másik serpenyőben vizet forralunk. Vegyük le a tűzről, és azonnal adjuk hozzá a citromszeleteket a forró vízhez. Addig keverjük, amíg a szeletek megpuhulnak (kb. perc).
d) Öntse ki a forró vizet egy szitán, majd tegye a citromszeleteket egy másodpercre a jégfürdőbe. A szita segítségével öntsük ki a jeges vizet.
e) Egy nagy fazékban, erős lángon keverjük össze a vizet és a cukrot. Addig keverjük, amíg a cukor elolvad, majd felforraljuk.
f) Csökkentse a hőt közepesre, és csipesszel helyezze a citromszeleteket a vízbe, hogy lebegjenek. Lassú tűzön főzzük, amíg a héja átlátszóvá nem válik, körülbelül 1 és fél óra.
g) A citromokat csipesszel kivesszük, és hűtőrácsra helyezzük. Tegyünk egy darab sütőpapírt a hűtőrács alá, hogy felfogja a citromszeletekről lecsepegő szirupot.

PISZTÁCIAPASZTA:
h) Melegítsük elő a sütőt 160°C-ra (320°F).
i) Süssük a pisztáciát egy tepsiben körülbelül 7 percig, amíg kissé megbarnul. Hagyd kihűlni.
j) A kihűlt pisztáciát egy kis robotgépben őröljük porrá. Adjuk hozzá az olajat, és őröljük újra, amíg paszta nem lesz. Felhasználásig hűtőszekrényben tároljuk.
k) Pisztácia-citromos mousseline krém:
l) A tejet felforraljuk. Lekapcsoljuk a tüzet, hozzáadjuk a citromhéjat, lefedjük, és 10 percig állni hagyjuk.
m) Egy tálban keverjük össze a tojássárgáját és a cukrot. Azonnal habosra keverjük, majd hozzáadjuk a kukoricakeményítőt, és újra felverjük.
n) Habverés közben adjuk hozzá a meleg tejet. A keveréket szitán át öntsük egy tiszta serpenyőbe, dobjuk ki a szitán maradt citromhéjat.
o) Közepes lángon melegítjük, és addig keverjük, amíg a keverék besűrűsödik és krémes lesz. Vegyük le a tűzről.

p) Öntse a tejszínt a pisztáciapasztát tartalmazó tálba. Egyneművé keverjük. Fedjük le műanyag fóliával, hogy megakadályozzuk a kéreg kialakulását, és hűtsük le.
q) Amikor a tejszín eléri a 40 °C-ot, fokozatosan adjuk hozzá a lágy vajat, és jól keverjük össze. Fedjük le műanyag fóliával és hűtsük le.

CHOUX PÜTEMÉNY:
r) A lisztet átszitáljuk és félretesszük.
s) Egy serpenyőben adjunk hozzá vajat, tejet, vizet, cukrot és sót. Közepes lángon addig melegítjük, amíg a vaj elolvad és a keverék fel nem forr.
t) Vegyük le a tűzről, azonnal adjuk hozzá a lisztet, és alaposan keverjük össze, amíg egynemű, burgonyapürére emlékeztető keveréket nem kapunk. Ez a panade mix.
u) Lassú tűzön, spatulával keverve szárítsa a panádot körülbelül egy percig, amíg el nem kezd húzódni a serpenyő oldalairól és megdermed.
v) Tegye át a panádot egy keverőtálba, és kissé hűtse le. Egy külön edényben verjük fel a tojásokat, és fokozatosan adjuk hozzá a turmixgéphez, és várjuk meg, amíg minden egyes hozzávaló összeáll, mielőtt még hozzáadunk.
w) Keverje alacsony, közepes sebességgel, amíg a tészta sima, fényes és stabil nem lesz.
x) Melegítsük elő a sütőt 250°C-ra (480°F). Egy tepsit kibélelünk sütőpapírral vagy vékonyan vajjal.
y) Csőzzön 12 cm hosszú tésztacsíkokat a tálcára. Sütés közben ne nyissa ki a sütő ajtaját.
z) 15 perc elteltével nyissa ki kissé a sütő ajtaját (kb. 1 cm-re), hogy kiengedje a gőzt. Zárja le, és állítsa a hőmérsékletet 170 °C-ra (340 °F). 20-25 percig sütjük, amíg az éclairs megbarnul.
aa) Ismételje meg a maradék tésztával.

PISTÁCÁS MARCIPÁN:
bb) A marcipánt kockákra vágjuk, és lapos habverővel puhára és egyneműre keverjük. Adjunk hozzá pisztáciapasztát és zöld ételfestéket (ha szükséges), és keverjük egyneművé.

cc) Nyújtsuk ki a marcipánt 2 mm vastagra, és vágjunk csíkokat az éclaire-hez.

ÖSSZESZERELÉS:

dd) Vágjon két kis lyukat minden éclair aljába.
ee) A lyukakon keresztül töltsön meg minden éclairt a pisztáciás-citromos krémmel.
ff) Kenje meg a mázat minden marcipáncsík egyik oldalát, és rögzítse az éclaire-hez.
gg) Mártson minden éclairt a mázba, hagyja, hogy a felesleges máz lecsepegjen.
hh) Kandírozott citromszeletekkel vagy apróra vágott pisztáciával díszítjük.
ii) Tálalásig hűtőbe tesszük.

51.Juharmázas Eclairs dióval

ÖSSZETEVŐK:
ECLAIR SHELLEK:
- 1/2 csésze tej
- 1/2 csésze víz
- 2 evőkanál fehér kristálycukor
- 1/4 teáskanál só (sós vajat használva csökkentse egy csipetnyire)
- 1/2 csésze sótlan vaj
- 1/2 teáskanál vanília kivonat
- 1 1/4 csésze univerzális liszt, kanalazva és kiegyenlítve
- 4 nagy tojás

ZOMÁNC:
- 2/3 csésze porcukor/cukrászcukor
- 3 evőkanál juharszirup

FELTÉTEL:
- 1/2 csésze apróra vágott dió vagy pekándió
- Fleur de sel só megszórása

MASCARPONE KRÉM:
- 1 csésze mascarpone
- 2/3 csésze kemény habtejszín
- 1/4 csésze fehér cukor
- 2 evőkanál juharszirup

UTASÍTÁS:
AZ ECLAIR SHELLEKHEZ:
a) Melegítsük elő a sütőt 450°F-ra úgy, hogy a felső és alsó harmadban rácsok vannak. Két tepsit kibélelünk sütőpapírral.
b) Egy közepes serpenyőben, közepes lángon keverje össze a tejet, vizet, cukrot, sót és vajat. Forraljuk fel a keveréket, keverjük hozzá a vaníliát, és adjuk hozzá egyszerre a lisztet. Addig keverjük, amíg a keverék elválik az edény falától.
c) Csökkentse a hőt alacsonyra, és folytonos keverés mellett folytassa a főzést körülbelül 3 percig, hogy eltávolítsa a nedvességet. Vegyük le a tűzről, és tegyük át egy keverőtálba vagy egy állványmixer táljába.

d) 2-3 percig keverjük, hogy a keverék lehűljön. Egyenként hozzáadjuk a tojásokat, minden hozzáadás után jól felverjük. Tegye a keveréket egy zsákba, és hagyja pihenni 20 percig.
e) A tésztát körülbelül 5-6 hüvelyk hosszú és 1 hüvelyk széles rönkökbe csípjük úgy, hogy egyenlő helyet hagyjunk közöttük. Ügyeljünk arra, hogy ne legyenek túl vékonyak, mert vastagságra van szükségük a későbbi szeleteléshez.
f) Helyezze be az előmelegített sütőbe, és AZONNAL Csökkentse a hőt 350 °F-ra. 35-40 perc alatt aranybarnára, puffadásra és ropogósra sütjük. Hűtsük le rácson.

A MÁZHOZ:
g) Üvegezés előtt vágja át az ekléreket majdnem úgy, hogy az egyik oldalon "zsanért" hagyjon. Egy kis tálban keverjük össze a porcukrot juharsziruppal, amíg vékony máz nem lesz.
h) Kenje meg a mázat az eklér tetejére, és azonnal szórja meg a darált dióval és egy csipet sóval, ha kívánja. Hagyjuk állni szobahőmérsékleten, amíg a máz meg nem köt.

A TÖLTETÉSHEZ:
i) Egy nagy tálban vagy egy habverővel ellátott keverőedényben keverje össze a mascarponét, a tejszínhabot, a cukrot és a juharszirupot.
j) Addig verjük, amíg a keverék cső állagúra be nem sűrűsödik. Helyezze egy csőzsákba, és töltse meg az egyes ekléreket. (A töltelék elkészíthető előre, lefedve, hűtve, és a tálaláshoz közelebb eső csövön is.)
k) A töltött eklerek a nap nagy részében jól elállnak fedetlenül a hűtőszekrényben.

52.Málnás pisztácia Eclair

ÖSSZETEVŐK:
A PATE-A-CHOUX TÉSZTÁHOZ:
- 1 csésze víz
- 1/2 csésze sótlan vaj
- 1/4 teáskanál só
- 1 csésze univerzális liszt
- 4 nagy tojás

A TÖLTETÉSHEZ:
- 1 csésze héjas pisztácia
- 1/2 csésze ír krém (Bailey's)
- Zöld ételfesték
- 8 dkg krémsajt, lágyítva
- 1/2 csésze fehér csokoládé chips, olvasztott
- 1 csésze tejszín, hűtve

A MÁZHOZ:
- 1/2 csésze fagyasztva szárított málna
- 1 csésze fehér csokoládé chips
- 1/2 csésze nehéz tejszín
- 2 csésze friss málna

UTASÍTÁS:
a) Melegítsük elő a sütőt 425 F-ra, és béleljünk ki egy tepsit sütőpapírral.
b) Készíts elő egy csillaghegyű cukrászzacskót.

PATE-A-CHOUX TÉSZTA KÉSZÍTÉSE:
c) Egy serpenyőben forraljuk fel a vizet, a vajat és a sót.
d) Hozzáadjuk a lisztet, addig keverjük, amíg lágy tészta nem lesz. Kihűtjük, majd egyenként hozzáadjuk a tojásokat.
e) A tepsire csípjük a hasábokat, és aranybarnára sütjük.

A MÁLNA MÁZ ELKÉSZÍTÉSE:
f) A fagyasztva szárított málnát törjük össze, és szitáljuk át a port.
g) A fehér csokoládét és a tejszínt összekeverjük, simára melegítjük.
h) Adjuk hozzá a málnaport, keverjük össze, és hagyjuk kihűlni a mázat.

A PISZTÁCIAKRÉM TÖLTETÉS ELKÉSZÍTÉSE :

i) Keverje össze a pisztáciát, az ír tejszínt és a zöld ételfestéket pürésítésig.
j) Egy tálban habosra verjük a krémsajtot, majd hozzáadjuk az olvasztott fehér csokoládét és a pisztáciapürét.
k) Adjuk hozzá a lehűtött tejszínt és verjük kemény habbá.

ÖSSZESZERELÉSI ECLAIRS:

l) A kihűlt ekléreket kettévágjuk. Az alsó felére pisztácikrémet csípünk, adjunk hozzá málnát, és fedjük le a felső felével.
m) Minden eklér felső felét mártsuk a málnamázba.
n) Díszítsd fagyasztva szárított málnadarabokkal, fehér csokoládécseppekkel, maradék tejszínnel, friss málnával vagy pisztáciadarabokkal.
o) Tartsa az eclairt hűtőszekrényben, és tálalás előtt 20 perccel vegye ki.
p) Élvezze a málna és a pisztácia elragadó kombinációját ezekben az elegáns eklérekben, amelyek bármilyen alkalomra tökéletesek!

53.Csokoládé és mogyorós Eclairs

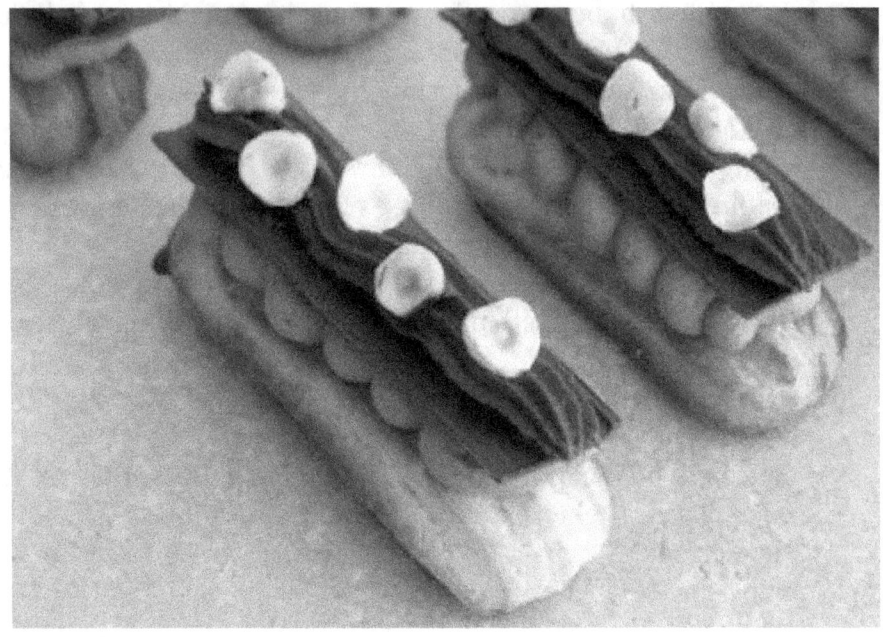

ÖSSZETEVŐK:
A CHOUX PASTRY-HOZ:
- 1 csésze víz
- 1/2 csésze sótlan vaj
- 1 csésze univerzális liszt
- 1/2 teáskanál só
- 1 evőkanál cukor
- 4 nagy tojás

A MOGYORÓS KRÉM TÖLTETÉSÉHEZ:
- 1 csésze nehéz tejszín
- 1/4 csésze porcukor
- 1 teáskanál vanília kivonat
- 1/2 csésze mogyorókrém (pl. Nutella)

A CSOKOLÁDÉ GANACHE-HOZ:
- 1 csésze félédes csokireszelék
- 1/2 csésze nehéz tejszín
- 2 evőkanál sótlan vaj

UTASÍTÁS:
CHOUX SÜTEMÉNY:
a) Melegítsd elő a sütőt 220°C-ra (425°F). Egy tepsit kibélelünk sütőpapírral.
b) Egy serpenyőben, közepes lángon keverje össze a vizet, vajat, sót és cukrot. Felforral.
c) Vegyük le a tűzről, és gyorsan keverjük hozzá a lisztet, amíg tészta nem lesz.
d) Tegyük vissza a serpenyőt alacsony lángra, és főzzük a tésztát folyamatos keverés mellett 1-2 percig, hogy kiszáradjon.
e) Tegye át a tésztát egy nagy keverőtálba. Hagyjuk pár percig hűlni.
f) Egyenként adjuk hozzá a tojásokat, minden hozzáadás után alaposan verjük fel, amíg a tészta sima és fényes nem lesz.
g) Tegye át a tésztát egy nagy, kerek heggyel ellátott zsákba. Csőveljen 4 hüvelyk hosszú csíkokat az előkészített tepsire.
h) Süssük 15 percig 425 °F-on, majd csökkentsük a hőmérsékletet 375 °F-ra (190 °C), és süssük további 20 percig, vagy amíg aranybarna nem lesz. Hagyjuk teljesen kihűlni.

MOGYORÓS KRÉM TÖLTETÉS:
i) Egy keverőtálban verjük fel a kemény tejszínt, amíg lágy csúcsok nem lesznek.
j) Hozzáadjuk a porcukrot és a vaníliakivonatot. Folytassa a habverést, amíg kemény csúcsok képződnek.
k) Óvatosan forgasd bele a mogyorót, amíg jól össze nem áll.

CSOKIS GANACHE:
l) Helyezze a csokoládédarabkákat egy hőálló tálba.
m) Egy serpenyőben a tejszínt addig hevítjük, amíg el nem kezd forrni.
n) Öntsük a forró tejszínt a csokoládéra, és hagyjuk állni egy percig.
o) Keverjük simára, majd adjuk hozzá a vajat, és keverjük, amíg el nem olvad.

ÖSSZESZERELÉS:
p) Minden kihűlt eclairt vízszintesen kettévágunk.
q) Minden eklér alsó felére kanalazzuk vagy pipázzuk a mogyorókrémes tölteléket.
r) Az eclair felső felét a töltelékre helyezzük.
s) Minden eclair tetejét mártsuk a csokoládé ganache-ba, vagy kanalazzuk rá a ganache-t.
t) Hagyja pár percig dermedni a ganache-t.
u) Opcionálisan a tetejére szórhatunk apróra vágott mogyorót díszítésképpen.
v) Tálalja és élvezze a csokoládé és a mogyoró remek párosítását ezeknek a csokoládé-mogyorós Éclaire-nek minden finom falatában!

54.Mogyoróvajas csokoládé Eclairs

ÖSSZETEVŐK:
AZ ECLAIRS SZÁMÁRA:
- 160 ml. víz
- 5 gramm cukor
- 70 gramm vaj
- 3 gramm finom só
- 15 gramm kukoricakeményítő
- 90 gramm univerzális liszt
- 2-3 tojást felvert

MOGYÓRIÓS KRÉMHEZ:
- 250 ml. tejszínhab
- 100 gramm sima mogyoróvaj
- 50 gramm cukorpor

A Csokoládé GANACHÉHOZ (MÁRTÁSHOZ ÉS FELTÉTELHEZ IS):
- 250 gramm étcsokoládé
- 250 ml. tejszínhab
- Csipet só

DEKORÁCIÓ:
- 50-60 gramm sózott félbevágott földimogyoró pirítva

UTASÍTÁS:
ELŐÍRÁSOK ELKÉSZÍTÉSE:
a) A sütőt 180 C fokra előmelegítjük.
b) Egy közepes lábasba tegyünk vizet, sót, cukrot és vajat, és forraljuk fel erősen.
c) Hozzáadjuk a kukoricakeményítőt és a lisztet, és főzés közben addig keverjük, amíg csomós tészta nem lesz.
d) Tegye át a tésztát egy lapáttal ellátott elektromos keverő táljába, és közepes sebességgel keverje 2-3 percig, amíg kissé kihűl.
e) Fokozatosan adjuk hozzá a tojásokat, miközben verjük, amíg a tészta rugalmas és sima nem lesz.
f) Ellenőrizzük a tészta készenlétét úgy, hogy a tészta közepén fakanállal készítünk „nyomvonalat" – ha stabil marad a pálya, tegyünk bele egy kis tojást, és ha egy kicsit összecsukódik – kész a tészta. Fontos, hogy ne adjunk túl sok tojást a tésztához, mert túl lágy és tönkremegy.

g) Tegye át a tésztát egy 2 cm-es fogazott csővéggel ellátott cukrászzacskóba. Sütőpapírral bélelt tepsire 8-10 cm hosszú eklér. Fontos, hogy hagyjon egy kis helyet az eklér között.
h) Süssük az ekléreket 20-25 perc alatt aranybarnára és megdermednek.
i) Szobahőmérsékleten teljesen lehűtjük.
j) Minden eklér alján készítsen 2 kis lyukat.

MOGYÓRIÓS KRÉM:
k) Habverővel ellátott mixer edényében a tejszínt, a mogyoróvajat és a porcukrot nagy sebességgel felverjük krémesre és nagyon stabilra.
l) Az ekléreket megtöltjük a mogyoróvajas krémmel, és megtöltve a bevonásig és díszítésig hűtőben tároljuk.

CSOKIS GANACHE:
m) A csokoládét apróra vágjuk, és egy tálba tesszük.
n) A tejszínt és a sót egy kis serpenyőben felforrósítjuk.
o) Öntsük a forró tejszínt az apróra vágott csokoládéra, várjunk egy percet, és jól keverjük, amíg egynemű és fényes csokoládé ganache nem lesz.
p) Az eklér tetejét mártsuk a meleg ganache-ba, és tegyük vissza a hűtőbe, hogy megdermedjen.
q) A maradék ganache-t tegyük egy széles dobozba, és tegyük hűtőbe 2-3 órára, amíg teljesen kihűl.
r) Tegye át a hideg ganache-t egy habverővel ellátott mixer táljába, és nagy sebességgel verje stabillá és levegőssé.
s) Öntse a krémet egy 2 cm-es fogazott csővéggel ellátott cukrászzacskóba, és csorgassunk csokikrémet minden éclair tetejére.
t) Díszítsük pirított, sózott mogyoróval és tálaljuk.

55. Mandula Praliné Éclairs

ÖSSZETEVŐK:

A CHOUX PASTRY-HOZ:
- 1 csésze víz
- 1/2 csésze sótlan vaj
- 1 csésze univerzális liszt
- 4 nagy tojás

A TÖLTETÉSHEZ:
- 2 csésze mandula ízű tésztakrém
- Mandulás praliné a díszítéshez (aprított mandula cukorban karamellizálva)

A MÁZHOZ:
- 1/2 csésze étcsokoládé, apróra vágva
- 1/4 csésze sótlan vaj
- 1 csésze porcukor
- 1/4 csésze forró víz

UTASÍTÁS:
CHOUX SÜTEMÉNY:
a) Melegítsd elő a sütőt 190°C-ra, és bélelj ki egy tepsit sütőpapírral.
b) Egy serpenyőben keverjük össze a vizet és a vajat. Közepes lángon addig melegítjük, amíg a vaj elolvad, és a keverék fel nem forr.
c) Levesszük a tűzről, hozzáadjuk a lisztet, és erőteljesen keverjük, amíg golyót nem kapunk.
d) A tésztát hagyjuk hűlni néhány percig, majd egyenként adjuk hozzá a tojásokat, minden hozzáadás után jól felverjük.
e) Tegye át a tésztát egy zsákba, és pipálja az éclairt az előkészített tepsire.
f) Süssük körülbelül 30 percig, vagy amíg aranybarna nem lesz. Hagyjuk kihűlni.

TÖLTŐ:
g) Töltsük meg az éclairt mandula ízű tésztakrémmel. Használhat csőzsákot vagy kiskanalat minden éclair megtöltéséhez.
h) Díszítsd a töltött éclaireket mandulás pralinéval. A praliné elkészítéséhez az apróra vágott mandulát egy serpenyőben enyhén pirulásig hevítjük. Szórjuk meg a cukrot a mandulára,

és melegítsük tovább, amíg a cukor karamellizálódik. Hagyjuk kihűlni, és apró kockákra vágjuk.

ZOMÁNC:
i) Egy hőálló tálban olvasszuk fel az étcsokoládét és a vajat dupla bojler fölött.
j) Levesszük a tűzről, hozzáadjuk a porcukrot, és a forró vízben fokozatosan simára keverjük.
k) Minden éclair tetejét mártsuk az étcsokoládé mázba, így biztosítva az egyenletes fedést. Hagyja, hogy a felesleg lecsepegjen.
l) Tedd egy tálcára a mázas éclaireket, és hagyd hűlni, amíg a csokoládé megdermed.
m) Tálaljuk lehűtve, és ízleljük meg a Mandula Praline Éclairs diós édességét!

56. Walnut Maple Éclairs

ÖSSZETEVŐK:

A CHOUX PASTRY-HOZ:
- 1 csésze víz
- 1/2 csésze sótlan vaj
- 1 csésze univerzális liszt
- 4 nagy tojás

A TÖLTETÉSHEZ:
- 2 csésze dióízű tésztakrém
- Juharszirup a csepegtetéshez

A MÁZHOZ:
- 1/2 csésze fehér csokoládé, apróra vágva
- 1/4 csésze sótlan vaj
- 1 csésze porcukor
- 1/4 csésze forró víz

UTASÍTÁS:

CHOUX SÜTEMÉNY:

a) Melegítsd elő a sütőt 190°C-ra, és bélelj ki egy tepsit sütőpapírral.
b) Egy serpenyőben keverjük össze a vizet és a vajat. Közepes lángon addig melegítjük, amíg a vaj elolvad, és a keverék fel nem forr.
c) Levesszük a tűzről, hozzáadjuk a lisztet, és erőteljesen keverjük, amíg golyót nem kapunk.
d) A tésztát hagyjuk hűlni néhány percig, majd egyenként adjuk hozzá a tojásokat, minden hozzáadás után jól felverjük.
e) Tegye át a tésztát egy zsákba, és pipálja az éclairt az előkészített tepsire.
f) Süssük körülbelül 30 percig, vagy amíg aranybarna nem lesz. Hagyjuk kihűlni.

TÖLTŐ:

g) Az éclairet megtöltjük dióízű tésztakrémmel. Használjon zsákot vagy kiskanalat minden éclair megtöltéséhez.
h) A töltött éclairet juharsziruppal csorgatjuk. A juharszirup mennyiségét ízlés szerint állíthatja be.

ZOMÁNC:

i) Egy hőálló tálban dupla kazán felett felolvasztjuk a fehér csokoládét és a vajat.
j) Levesszük a tűzről, hozzáadjuk a porcukrot, és a forró vízben fokozatosan simára keverjük.
k) Minden éclair tetejét mártsuk a fehér csokimázba, így biztosítva az egyenletes fedést. Hagyja, hogy a felesleg lecsepegjen.
l) Tedd egy tálcára a mázas éclaireket, és hagyd hűlni, amíg a csokoládé megdermed.
m) Tálalja lehűtve, és élvezze a dió és a juhar elragadó kombinációját a Walnut Maple Éclairs-ben!

57.Pisztácia rózsa Éclairs

ÖSSZETEVŐK:
A CHOUX PASTRY-HOZ:
- 1 csésze víz
- 1/2 csésze sótlan vaj
- 1 csésze univerzális liszt
- 4 nagy tojás

A TÖLTETÉSHEZ:
- 2 csésze pisztácia ízű tésztakrém
- Díszítésnek ehető rózsaszirom

A MÁZHOZ:
- 1/2 csésze étcsokoládé, apróra vágva
- 1/4 csésze sótlan vaj
- 1 csésze porcukor
- 1/4 csésze forró víz

UTASÍTÁS:
CHOUX SÜTEMÉNY:
a) Melegítsd elő a sütőt 190°C-ra, és bélelj ki egy tepsit sütőpapírral.
b) Egy serpenyőben keverjük össze a vizet és a vajat. Közepes lángon addig melegítjük, amíg a vaj elolvad, és a keverék fel nem forr.
c) Levesszük a tűzről, hozzáadjuk a lisztet, és erőteljesen keverjük, amíg golyót nem kapunk.
d) A tésztát hagyjuk hűlni néhány percig, majd egyenként adjuk hozzá a tojásokat, minden hozzáadás után jól felverjük.
e) Tegye át a tésztát egy zsákba, és pipálja az éclairt az előkészített tepsire.
f) Süssük körülbelül 30 percig, vagy amíg aranybarna nem lesz. Hagyjuk kihűlni.

TÖLTŐ:
g) Az éclairet megtöltjük pisztácia ízű tésztakrémmel. Használhat csőzsákot vagy kiskanalat minden éclair megtöltéséhez.
h) Díszítsd a megtöltött éclaireket ehető rózsaszirmokkal.

ZOMÁNC:
i) Egy hőálló tálban olvasszuk fel az étcsokoládét és a vajat dupla bojler fölött.

j) Levesszük a tűzről, hozzáadjuk a porcukrot, és a forró vízben fokozatosan simára keverjük.
k) Minden éclair tetejét mártsuk az étcsokoládé mázba, így biztosítva az egyenletes fedést. Hagyja, hogy a felesleg lecsepegjen.
l) Tedd egy tálcára a mázas éclaireket, és hagyd hűlni, amíg a csokoládé megdermed.
m) Tálalja lehűtve, és élvezze a Pistachio Rose Éclairs egzotikus ízeit!

58.Pekándió Caramel Éclairs

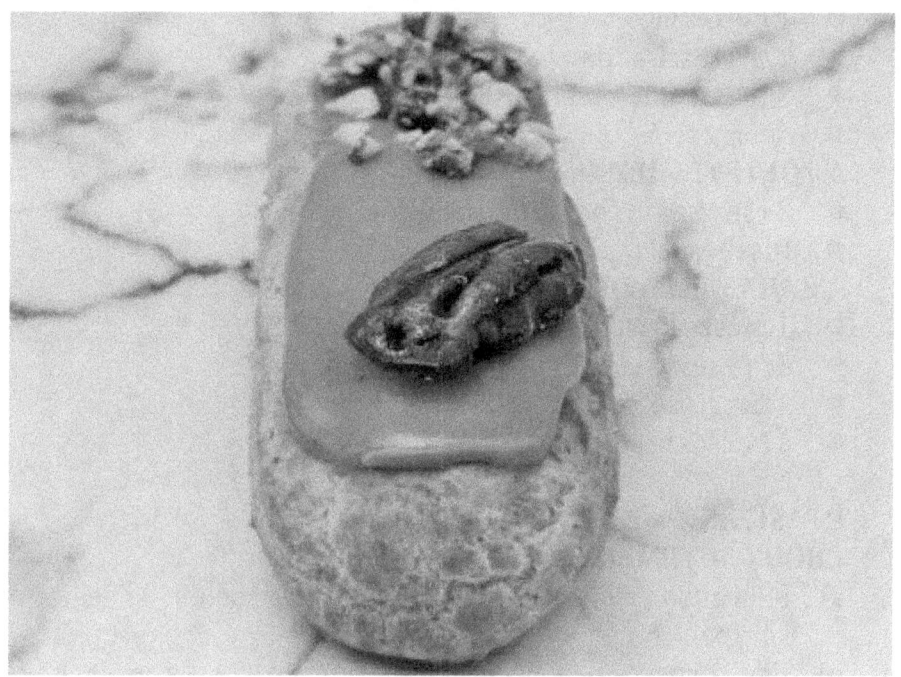

ÖSSZETEVŐK:
A CHOUX PASTRY-HOZ:
- 1 csésze víz
- 1/2 csésze sótlan vaj
- 1 csésze univerzális liszt
- 4 nagy tojás

A TÖLTETÉSHEZ:
- 2 csésze karamell ízű tésztakrém
- Díszítésnek apróra vágott pekándió

A KARAMELLÁZHOZ:
- 1 csésze kristálycukor
- 1/4 csésze víz
- 1/2 csésze nehéz tejszín
- 1/4 csésze sótlan vaj

UTASÍTÁS:
CHOUX SÜTEMÉNY:
a) Melegítsd elő a sütőt 190°C-ra, és bélelj ki egy tepsit sütőpapírral.
b) Egy serpenyőben keverjük össze a vizet és a vajat. Közepes lángon addig melegítjük, amíg a vaj elolvad, és a keverék fel nem forr.
c) Levesszük a tűzről, hozzáadjuk a lisztet, és erőteljesen keverjük, amíg golyót nem kapunk.
d) A tésztát hagyjuk hűlni néhány percig, majd egyenként adjuk hozzá a tojásokat, minden hozzáadás után jól felverjük.
e) Tegye át a tésztát egy zsákba, és pipálja az éclairt az előkészített tepsire.
f) Süssük körülbelül 30 percig, vagy amíg aranybarna nem lesz. Hagyjuk kihűlni.

TÖLTŐ:
g) Töltsük meg az éclaireket karamell ízű tésztakrémmel. Használhat csőzsákot vagy kiskanalat minden éclair megtöltéséhez.
h) Díszítsük a megtöltött éclairt apróra vágott pekándióval.

KARAMELLEMAZ:

i) Egy vastag aljú serpenyőben közepes lángon keverje össze a cukrot és a vizet. Addig keverjük, amíg a cukor fel nem oldódik.
j) Hagyja a keveréket keverés nélkül felforrni. Addig főzzük, amíg a karamell mély borostyán színűvé nem válik.
k) Óvatosan és lassan, folyamatos keverés mellett hozzáadjuk a tejszínt. Legyen óvatos, mert a keverék buborékos lesz.
l) Vegyük le a serpenyőt a tűzről, és keverjük simára a sózatlan vajat.
m) Hagyja néhány percig hűlni a karamell mázat, majd mártsa be minden éclair tetejét a karamellmázba, így biztosítva az egyenletes fedést. Hagyja, hogy a felesleg lecsepegjen.
n) Tedd egy tálcára a mázas éclaireket, és hagyd hűlni, amíg a karamell megszilárdul.
o) Tálald lehűtve, és élvezd a Pecan Caramel Éclairs édes és diós ízét!
p) Nyugodtan tegyen még apróra vágott pekándiót a tetejére a textúra növelése érdekében. Élvezze a házi pekándió Caramel Éclairs-t!

59.Macadamia fehér csokoládé Éclairs

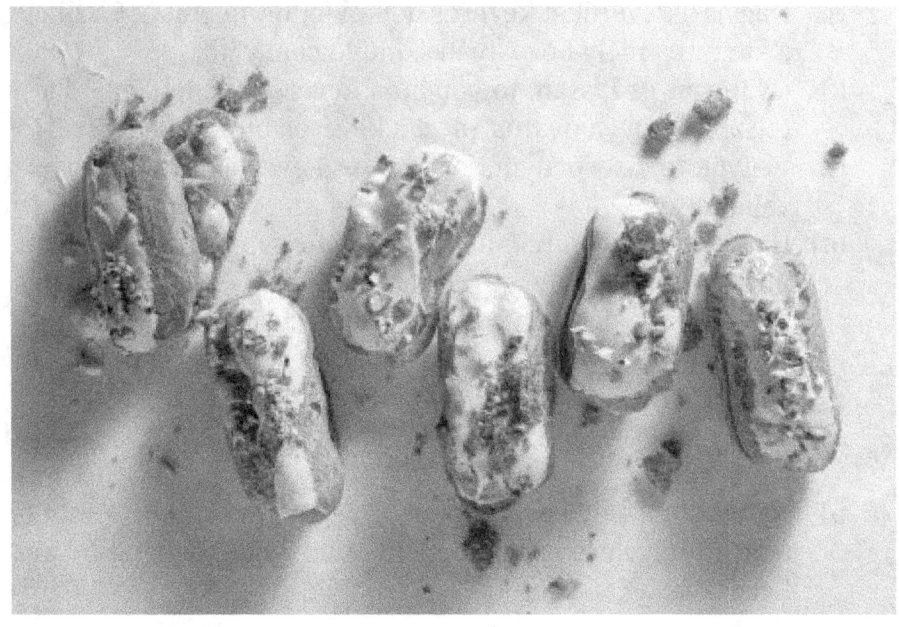

ÖSSZETEVŐK:
A CHOUX PASTRY-HOZ:
- 1 csésze víz
- 1/2 csésze sótlan vaj
- 1 csésze univerzális liszt
- 4 nagy tojás

A TÖLTETÉSHEZ:
- 2 csésze fehér csokoládé és makadámdió ízű cukrászkrém
- Díszítésnek darált makadámdió

A FEHÉRCSOKOLÁDÉMÁZHOZ:
- 1/2 csésze fehér csokoládé, apróra vágva
- 1/4 csésze sótlan vaj
- 1 csésze porcukor
- 1/4 csésze forró víz

UTASÍTÁS:
CHOUX SÜTEMÉNY:
a) Melegítsd elő a sütőt 190°C-ra, és bélelj ki egy tepsit sütőpapírral.
b) Egy serpenyőben keverjük össze a vizet és a vajat. Közepes lángon addig melegítjük, amíg a vaj elolvad, és a keverék fel nem forr.
c) Levesszük a tűzről, hozzáadjuk a lisztet, és erőteljesen keverjük, amíg golyót nem kapunk.
d) A tésztát hagyjuk hűlni néhány percig, majd egyenként adjuk hozzá a tojásokat, minden hozzáadás után jól felverjük.
e) Tegye át a tésztát egy zsákba, és pipálja az éclairt az előkészített tepsire.
f) Süssük körülbelül 30 percig, vagy amíg aranybarna nem lesz. Hagyjuk kihűlni.

TÖLTŐ:
g) Töltsük meg az éclairt fehér csokoládéval és makadámdió ízű tésztakrémmel. Használjon zsákot vagy kiskanalat minden éclair megtöltéséhez.
h) Díszítsd a töltött éclaireket darált makadámdióval.

FEHÉR CSOKOLÁDÉMÁZ:

i) Egy hőálló tálban dupla kazán felett felolvasztjuk a fehér csokoládét és a vajat.
j) Levesszük a tűzről, hozzáadjuk a porcukrot, és a forró vízben fokozatosan simára keverjük.
k) Minden éclair tetejét mártsuk a fehér csokimázba, így biztosítva az egyenletes fedést. Hagyja, hogy a felesleg lecsepegjen.
l) Tedd egy tálcára a mázas éclaireket, és hagyd hűlni, amíg a fehér csokoládé megdermed.
m) Tálalja lehűtve, és élvezze a Macadamia White Chocolate Éclairs elragadó kombinációját!

FŰSZERES ECLAIRS

60. Maple Pumpkin Eclairs

ÖSSZETEVŐK:
ECLAIRS:
- 1/2 csésze sótlan vaj
- 1 csésze víz
- 1 csésze univerzális liszt
- 1/2 tk őrölt fahéj
- 1/4 teáskanál MINDENKINEK: só, őrölt szerecsendió
- 4 nagy tojás

KITÖLTÉSÉHEZ:
- 1/3 csésze krémsajt, megpuhítva
- 1/3 csésze tiszta sütőtök püré
- 1/2 teáskanál juharszirup kivonat
- Megszórjuk őrölt fahéjjal, szerecsendióval
- 1 csésze tejszín, hűtve
- 1 csésze cukrászcukor

MÁZHOZ:
- 1 1/2 csésze cukrászcukor
- 1/4 csésze juharszirup
- 2 evőkanál nehéz tejszín

UTASÍTÁS:
PATE A CHOUX:
a) Melegítsük elő a sütőt 425F/218C-ra. A tepsit béleljük ki sütőpapírral, és készítsünk elő egy francia csillaghegyű cukrászzacskót.
b) A lisztet, sót, fahéjat és szerecsendiót szitáljuk egy tálba. Egy serpenyőben forraljuk fel a vajat és a vizet. Adjuk hozzá a száraz hozzávalókat, keverjük addig, amíg tésztagolyó nem lesz.
c) Hagyjuk kihűlni a tésztát, majd egyenként adjuk hozzá a tojásokat, jól keverjük össze. Tegye át a tésztát egy cukrászzacskóba.

AZ ECLAIRS ELKÉSZÍTÉSE:
d) Csővelje a 4-6 hüvelykes ekléreket sütőpapírra. Süssük 425 F-on 10 percig, majd csökkentsük 375 F-ra, és süssük 30-35 percig, amíg aranybarna nem lesz. Hűtsük le rácson.

TÖKTÖK:
e) Keverje össze a krémsajtot, a sütőtökpürét, a kivonatot és a fűszereket. Habverővel simára keverjük.
f) Egy külön tálban kemény habbá verjük a tejszínt és a cukrot, amíg kemény csúcsok nem lesznek. Adjuk hozzá a sütőtök keveréket, és keverjük addig, amíg könnyű és bolyhos nem lesz.
g) Tegyük át a tölteléket egy cukrászzacskóba.

JUHAR MÁZ:
h) Tegye a cukrász cukrot egy tálba.
i) Fokozatosan adjuk hozzá a juharszirupot és a kemény tejszínt, amíg el nem érjük a kívánt állagot.

ÖSSZESZERELÉS:
j) Miután kihűlt az ekler, töltse meg őket oldalról, alulról, vagy úgy, hogy kettévágja és a közepébe vezeti.
k) Minden töltött eclair felső felét mártsuk a juharmázba. Hagyja, hogy a felesleges máz lecsepegjen.
l) Tartsa az eclairt hűtőszekrényben légmentesen záródó edényben.

61. Cinnamon Spice Éclairs

ÖSSZETEVŐK:
A CHOUX PASTRY-HOZ:
- 1 csésze víz
- 1/2 csésze sótlan vaj
- 1 csésze univerzális liszt
- 4 nagy tojás

A TÖLTETÉSHEZ:
- 2 csésze fahéjas-fűszeres tésztakrém

A MÁZHOZ:
- 1/2 csésze étcsokoládé, apróra vágva
- 1/4 csésze sótlan vaj
- 1 csésze porcukor
- 1/4 csésze forró víz

UTASÍTÁS:
CHOUX SÜTEMÉNY:
a) Melegítsd elő a sütőt 190°C-ra, és bélelj ki egy tepsit sütőpapírral.
b) Egy serpenyőben keverjük össze a vizet és a vajat. Közepes lángon addig melegítjük, amíg a vaj elolvad, és a keverék fel nem forr.
c) Levesszük a tűzről, hozzáadjuk a lisztet, és erőteljesen keverjük, amíg golyót nem kapunk.
d) A tésztát hagyjuk hűlni néhány percig, majd egyenként adjuk hozzá a tojásokat, minden hozzáadás után jól felverjük.
e) Tegye át a tésztát egy zsákba, és pipálja az éclairt az előkészített tepsire.
f) Süssük körülbelül 30 percig, vagy amíg aranybarna nem lesz. Hagyjuk kihűlni.

TÖLTŐ:
g) Készítsünk fahéjas-fűszeres tésztakrémet. Hozzáadhat őrölt fahéjat egy klasszikus cukrászkrém recepthez, vagy használhat előre elkészített fahéj ízű tésztakrémet.
h) Töltsük meg az éclaireket a fahéjas, fűszeres tésztakrémmel egy zsák vagy egy kiskanáll segítségével.

ZOMÁNC:

i) Egy hőálló tálban olvasszuk fel az étcsokoládét és a vajat dupla bojler fölött.
j) Levesszük a tűzről, hozzáadjuk a porcukrot, és a forró vízben fokozatosan simára keverjük.
k) Minden éclair tetejét mártsuk az étcsokoládé mázba, így biztosítva az egyenletes fedést. Hagyja, hogy a felesleg lecsepegjen.
l) Tedd egy tálcára a mázas éclaireket, és hagyd hűlni, amíg a csokoládé megdermed.
m) Tálalja lehűtve, és élvezze a Cinnamon Spice Éclairs meleg és megnyugtató ízét!

62. Kardamom Éclairs

ÖSSZETEVŐK:
A CHOUX PASTRY-HOZ:
- 1 csésze víz
- 1/2 csésze sótlan vaj
- 1 csésze univerzális liszt
- 4 nagy tojás

A TÖLTETÉSHEZ:
- 2 csésze kardamomos tészta krém

A MÁZHOZ:
- 1/2 csésze fehér csokoládé, apróra vágva
- 1/4 csésze sótlan vaj
- 1 csésze porcukor
- 1/4 csésze forró víz

UTASÍTÁS:
CHOUX SÜTEMÉNY:
a) Melegítsd elő a sütőt 190°C-ra, és bélelj ki egy tepsit sütőpapírral.
b) Egy serpenyőben keverjük össze a vizet és a vajat. Közepes lángon addig melegítjük, amíg a vaj elolvad, és a keverék fel nem forr.
c) Levesszük a tűzről, hozzáadjuk a lisztet, és erőteljesen keverjük, amíg golyót nem kapunk.
d) A tésztát hagyjuk hűlni néhány percig, majd egyenként adjuk hozzá a tojásokat, minden hozzáadás után jól felverjük.
e) Tegye át a tésztát egy zsákba, és pipálja az éclairt az előkészített tepsire.
f) Süssük körülbelül 30 percig, vagy amíg aranybarna nem lesz. Hagyjuk kihűlni.

TÖLTŐ:
g) Készítsünk kardamommal bevont cukrászkrémet. Az őrölt kardamomot beleforgathatod egy klasszikus cukrászkrém receptbe, vagy használhatsz előre elkészített kardamommal ízesített tésztakrémet.
h) Töltsük meg az éclaireket a kardamommal átitatott tésztakrémmel egy zsák vagy egy kiskanáll segítségével.

ZOMÁNC:
i) Egy hőálló tálban olvasszuk fel a fehér csokoládét és a vajat dupla kazán felett.
j) Levesszük a tűzről, hozzáadjuk a porcukrot, és a forró vízben fokozatosan simára keverjük.
k) Minden éclair tetejét mártsuk a fehér csokimázba, így biztosítva az egyenletes fedést. Hagyja, hogy a felesleg lecsepegjen.
l) Tedd egy tálcára a mázas éclaireket, és hagyd hűlni, amíg a fehér csokoládé megdermed.
m) Tálalja lehűtve, és élvezze a Cardamom Éclairs aromás és egzotikus ízét!

63. Mézeskalács Éclairs

ÖSSZETEVŐK:
A CHOUX PASTRY-HOZ:
- 1 csésze víz
- 1/2 csésze sótlan vaj
- 1 csésze univerzális liszt
- 4 nagy tojás

A TÖLTETÉSHEZ:
- 2 csésze mézeskalács-fűszeres tésztakrém

A MÁZHOZ:
- 1/2 csésze étcsokoládé, apróra vágva
- 1/4 csésze sótlan vaj
- 1 csésze porcukor
- 1/4 csésze forró víz

UTASÍTÁS:
CHOUX SÜTEMÉNY:
a) Melegítsd elő a sütőt 190°C-ra, és bélelj ki egy tepsit sütőpapírral.
b) Egy serpenyőben keverjük össze a vizet és a vajat. Közepes lángon addig melegítjük, amíg a vaj elolvad, és a keverék fel nem forr.
c) Levesszük a tűzről, hozzáadjuk a lisztet, és erőteljesen keverjük, amíg golyót nem kapunk.
d) A tésztát hagyjuk hűlni néhány percig, majd egyenként adjuk hozzá a tojásokat, minden hozzáadás után jól felverjük.
e) Tegye át a tésztát egy zsákba, és pipálja az éclairt az előkészített tepsire.
f) Süssük körülbelül 30 percig, vagy amíg aranybarna nem lesz. Hagyjuk kihűlni.

TÖLTŐ:
g) Mézeskalács-fűszeres tésztakrémet készítünk. Hozzáadhat őrölt gyömbért, fahéjat, szerecsendiót és szegfűszeget egy klasszikus cukrászkrém recepthez, vagy használhat előre elkészített mézeskalács ízű tésztakrémet.
h) A mézeskalács-fűszeres tésztakrémmel töltsük meg az éclaireket egy zsák vagy egy kiskanáll segítségével.

ZOMÁNC:

i) Egy hőálló tálban olvasszuk fel az étcsokoládét és a vajat dupla bojler fölött.
j) Levesszük a tűzről, hozzáadjuk a porcukrot, és a forró vízben fokozatosan simára keverjük.
k) Minden éclair tetejét mártsuk az étcsokoládé mázba, így biztosítva az egyenletes fedést. Hagyja, hogy a felesleg lecsepegjen.
l) Tedd egy tálcára a mázas éclaireket, és hagyd hűlni, amíg a csokoládé megdermed.
m) Tálalja lehűtve, és élvezze a Gingerbread Éclairs meleg és megnyugtató ízét!

64.Szerecsendió Infúzió Éclairs

ÖSSZETEVŐK:

A CHOUX PASTRY-HOZ:
- 1 csésze víz
- 1/2 csésze sótlan vaj
- 1 csésze univerzális liszt
- 4 nagy tojás

A TÖLTETÉSHEZ:
- 2 csésze szerecsendiós tésztakrém

A MÁZHOZ:
- 1/2 csésze fehér csokoládé, apróra vágva
- 1/4 csésze sótlan vaj
- 1 csésze porcukor
- 1/4 csésze forró víz

UTASÍTÁS:
CHOUX SÜTEMÉNY:
a) Melegítsd elő a sütőt 190°C-ra, és bélelj ki egy tepsit sütőpapírral.
b) Egy serpenyőben keverjük össze a vizet és a vajat. Közepes lángon addig melegítjük, amíg a vaj elolvad, és a keverék fel nem forr.
c) Levesszük a tűzről, hozzáadjuk a lisztet, és erőteljesen keverjük, amíg golyót nem kapunk.
d) A tésztát hagyjuk hűlni néhány percig, majd egyenként adjuk hozzá a tojásokat, minden hozzáadás után jól felverjük.
e) Tegye át a tésztát egy zsákba, és pipálja az éclairt az előkészített tepsire.
f) Süssük körülbelül 30 percig, vagy amíg aranybarna nem lesz. Hagyjuk kihűlni.

TÖLTŐ:
g) Készítsünk szerecsendiós cukrászkrémet. Hozzáadhat őrölt szerecsendiót egy klasszikus cukrászkrém recepthez, vagy használhat előre elkészített szerecsendió ízű tésztakrémet.
h) Töltsük meg a szerecsendióval átitatott tésztakrémmel az éclaireket egy zsák vagy egy kiskanáll segítségével.

ZOMÁNC:
i) Egy hőálló tálban olvasszuk fel a fehér csokoládét és a vajat dupla kazán felett.
j) Levesszük a tűzről, hozzáadjuk a porcukrot, és a forró vízben fokozatosan simára keverjük.
k) Minden éclair tetejét mártsuk a fehér csokimázba, így biztosítva az egyenletes fedést. Hagyja, hogy a felesleg lecsepegjen.
l) Tedd egy tálcára a mázas éclaireket, és hagyd hűlni, amíg a fehér csokoládé megdermed.
m) Tálalja lehűtve, és élvezze a Nutmeg Infusion Éclairs finom melegét és illatát!

65. Chai Latte Éclairs

ÖSSZETEVŐK:

A CHOUX PASTRY-HOZ:
- 1 csésze víz
- 1/2 csésze sótlan vaj
- 1 csésze univerzális liszt
- 4 nagy tojás

A TÖLTETÉSHEZ:
- 2 csésze chai latte áztatott cukrászkrém

A MÁZHOZ:
- 1/2 csésze étcsokoládé, apróra vágva
- 1/4 csésze sótlan vaj
- 1 csésze porcukor
- 1/4 csésze forró víz

UTASÍTÁS:

CHOUX SÜTEMÉNY:

a) Melegítsd elő a sütőt 190°C-ra, és bélelj ki egy tepsit sütőpapírral.
b) Egy serpenyőben keverjük össze a vizet és a vajat. Közepes lángon addig melegítjük, amíg a vaj elolvad, és a keverék fel nem forr.
c) Levesszük a tűzről, hozzáadjuk a lisztet, és erőteljesen keverjük, amíg golyót nem kapunk.
d) A tésztát hagyjuk hűlni néhány percig, majd egyenként adjuk hozzá a tojásokat, minden hozzáadás után jól felverjük.
e) Tegye át a tésztát egy zsákba, és pipálja az éclairt az előkészített tepsire.
f) Süssük körülbelül 30 percig, vagy amíg aranybarna nem lesz. Hagyjuk kihűlni.

TÖLTŐ:

g) Készítsd el a chai latte tartalmú cukrászkrémet. Tegye bele az őrölt chai fűszereket (fahéj, kardamom, gyömbér, szegfűszeg) egy klasszikus cukrászkrém receptbe, vagy használjon előre elkészített chai latte ízű tésztakrémet.
h) Töltsük meg az éclaireket a chai latte-val átitatott tésztakrémmel egy zsák vagy egy kiskanáll segítségével.

ZOMÁNC:

i) Egy hőálló tálban olvasszuk fel az étcsokoládét és a vajat dupla bojler fölött.
j) Levesszük a tűzről, hozzáadjuk a porcukrot, és a forró vízben fokozatosan simára keverjük.
k) Minden éclair tetejét mártsuk az étcsokoládé mázba, így biztosítva az egyenletes fedést. Hagyja, hogy a felesleg lecsepegjen.
l) Tedd egy tálcára a mázas éclaireket, és hagyd hűlni, amíg a csokoládé megdermed.
m) Tálalja lehűtve, és ízlelje meg a Chai Latte Éclairs gazdag és fűszeres ízét!

66.Fűszeres narancshéj Éclairs

ÖSSZETEVŐK:
A CHOUX PASTRY-HOZ:
- 1 csésze víz
- 1/2 csésze sótlan vaj
- 1 csésze univerzális liszt
- 4 nagy tojás

A TÖLTETÉSHEZ:
- 2 csésze narancshéjjal fűszerezett tésztakrém

A MÁZHOZ:
- 1/2 csésze fehér csokoládé, apróra vágva
- 1/4 csésze sótlan vaj
- 1 csésze porcukor
- 1/4 csésze forró víz

UTASÍTÁS:
CHOUX SÜTEMÉNY:
a) Melegítsd elő a sütőt 190°C-ra, és bélelj ki egy tepsit sütőpapírral.
b) Egy serpenyőben keverjük össze a vizet és a vajat. Közepes lángon addig melegítjük, amíg a vaj elolvad, és a keverék fel nem forr.
c) Levesszük a tűzről, hozzáadjuk a lisztet, és erőteljesen keverjük, amíg golyót nem kapunk.
d) A tésztát hagyjuk hűlni néhány percig, majd egyenként adjuk hozzá a tojásokat, minden hozzáadás után jól felverjük.
e) Tegye át a tésztát egy zsákba, és pipálja az éclairt az előkészített tepsire.
f) Süssük körülbelül 30 percig, vagy amíg aranybarna nem lesz. Hagyjuk kihűlni.

TÖLTŐ:
g) Fűszeres, narancshéjjal átitatott tésztakrémet készítünk. Adjon hozzá őrölt fűszereket (fahéj, szegfűszeg, szerecsendió) és finomra reszelt narancshéjat egy klasszikus cukrászkrém recepthez, vagy használjon előre elkészített fűszeres narancshéj ízű tésztakrémet.

h) Töltsük meg az éclaireket a fűszerezett narancshéjjal meglocsolt tésztakrémmel egy zsák vagy egy kiskanáll segítségével.

ZOMÁNC:

i) Egy hőálló tálban olvasszuk fel a fehér csokoládét és a vajat dupla kazán felett.
j) Levesszük a tűzről, hozzáadjuk a porcukrot, és a forró vízben fokozatosan simára keverjük.
k) Minden éclair tetejét mártsuk a fehér csokimázba, így biztosítva az egyenletes fedést. Hagyja, hogy a felesleg lecsepegjen.
l) Tedd egy tálcára a mázas éclaireket, és hagyd hűlni, amíg a fehér csokoládé megdermed.
m) Tálalja lehűtve, és élvezze a fűszeres ízek és a citrusfélék elragadó kombinációját a Spiced Orange Zest Éclairs-ben!

CANDY ECLAIRS

67.Mogyoróvaj Cup Eclair

ÖSSZETEVŐK:
CHOUX SÜTEMÉNY
- 1 csésze víz
- 1 csésze liszt
- 0,5 csésze kockára vágott vaj
- 0,25 teáskanál só
- 4 nagy tojás

CSOKI KRÉM PATISSERIE
- 1,5 csésze tej
- 1 csésze nehéz tejszín
- 1 tk vanília
- 2 evőkanál kakaópor
- 3 tojássárgája
- 1 teli tojás
- 0,5 csésze cukor
- 2,5 evőkanál kukoricakeményítő
- 0,25 teáskanál só
- 5 oz finomra vágott keserédes vagy félédes csokoládé
- 3 evőkanál puha/szobahőmérsékletű vaj

MOGYORÓVAJ GANACHE
- 1/3 csésze nehéz tejszín
- 2 evőkanál vaj
- 0,5 csésze mogyoróvaj (sima vagy darabos)
- 0,5 l finomra vágott keserű csokoládé

DÍSZÍTÉSRE
- Reese darabjai kicsomagolt mini csészék vagy miniatűrök
- Szárazon pörkölt, sózott földimogyoró

UTASÍTÁS:
CHOUX SÜTEMÉNY:
a) Melegítsük elő a sütőt 400°F-ra. Bélelje ki a tepsit sütőpapírral és párolja be tapadásmentes főzőpermettel.
b) A liszthez keverjük a sót és félretesszük.
c) A vizet és a kockára vágott vajat egy lábasban összekeverjük, lassú tűzön felforraljuk, majd hozzáadjuk a lisztet/sót. Addig keverjük, amíg paszta képződik.

d) Folytassa a kevergetést a tűzön, amíg a tészta golyót nem formál, és elválik a serpenyőtől.
e) Hagyjuk kicsit hűlni a tésztát, majd egyenként adjuk hozzá a tojásokat, jól keverjük össze.
f) Tegye át a tésztát egy zsákba, és 3-4 hüvelyk hosszúságúra pipálja ki a sütőlapokra.
g) Süssük 10 percig 400 °F-on, majd csökkentsük a hőt 375 °F-ra, és süssük további 20 percig. Sütés közben ne nyissa ki a sütőt.

Csokoládé krémes cukrászda:
h) Keverjük össze a tejet, a tejszínt és a vaníliát egy serpenyőben. Egy külön tálban keverjük össze a cukrot, a tojásokat, a sárgáját, a kukoricakeményítőt, a kakaóport és a sót.
i) A megpárolt tej felét a tojásos keverékhez öntjük, folyamatos keverés mellett. A többit fokozatosan hozzáadjuk, majd visszaöntjük a serpenyőbe.
j) Közepes lángon melegítjük, folyamatosan kevergetve, amíg a krém felbuborékosodik. Hozzáadjuk az apróra vágott csokoládét, és felolvadásig keverjük.
k) Vegyük le a tűzről, adjuk hozzá a vajat, keverjük össze. Fedjük le ragasztófóliával, érintve a felületet, és hűtsük le.

ECLAIRS ÖSSZEÁLLÍTÁSA PÜTEMÉNYKRÉMHEZ:
l) Szereljen fel egy vékony, sima hegyű csőzsákot. Töltsük meg cukrászkrémmel.
m) Szúrjon két lyukat minden eklér alsó részébe. Mindkét végét megtöltjük tésztakrémmel.

MOGYORÓVAJ GANACHE:
n) A csokoládét apróra vágjuk. A tejszínt egy serpenyőben felforrósítjuk.
o) A forró tejszínt csokoládéra öntjük. Hagyja olvadni körülbelül 45 másodpercig, majd keverje simára.
p) A mogyoróvajat és a vajat simára keverjük. Szobahőmérsékletűre hűtjük.

DÍSZÍTÉS:
q) Fagyos eklér mogyoróvajas ganache segítségével spatulával.
r) A maradék ganache-t felverjük egy állványos mixerben, és az eclaire tetejére pipázzuk.
s) A tetejére kis mogyoróvajas csészéket és sós mogyorót teszünk.

68.Sós karamell Eclairs

ÖSSZETEVŐK:
PATE CHOUX
- 1 csésze liszt
- 1 csésze víz
- 8 evőkanál sótlan vaj
- ½ teáskanál só
- 4 tojás

PÜTEMÉNYKRÉM
- 2 ¼ csésze teljes tej
- ¼ csésze kukoricakeményítő
- ¼ csésze cukor
- 4 tojássárgája
- 1 vaníliarúd kettévágva, magjait eltávolítva
- Csipet só

SÓS KARAMELLLÁS
- 1 csésze cukor
- ¼ csésze sózatlan vaj 4 TB, darabokra vágva
- 1 teáskanál vanília kivonat
- ½ csésze nehéz tejszín
- ½ teáskanál pelyhes tengeri só + egyebek, díszítéshez

UTASÍTÁS:
KÉSZÍTSÜK EL A PÜTEMÉNYKRÉMET

a) Egy közepes edénybe adjuk hozzá a tejet, a kukoricakeményítőt, a cukrot, a tojássárgákat, a csipet sót és a hasított vaníliarudat, és melegítsük közepes lángon.
b) Keverjük össze a keveréket, amíg sima és besűrűsödik, és a krémes keverék bevonja egy kanál hátát.
c) Ha besűrűsödött, vegyük le a tűzről a keveréket, és finom szitán szűrjük át egy másik tálba. Ez segít eltávolítani az esetlegesen rántott csomókat vagy tojásokat.
d) Helyezzen egy műanyag fóliát közvetlenül a krémre, ügyelve arra, hogy hozzáérjen, hogy ne képződjön "bőr", majd hűtse le a tésztakrémet a hűtőszekrényben, amíg teljesen ki nem hűl, legalább 4 órán keresztül. (Megjegyzés* Minél tovább áll, annál sűrűbb lesz a krém, és könnyebb a tésztába pipázni).

KÉSZÍTSÜK A PÂTE À CHOUX-T (PÜTEMÉSZTÁSZTÁT)

e) Melegítsd elő a sütőt 425 Fahrenheit-fokra, és bélelj ki 2 tepsit sütőpapírral vagy szilappal.
f) Közben egy közepes lábosban közepes-alacsony lángon felolvasztjuk a vajat, a vizet és a sót.
g) Hozzáadjuk a lisztet, és egy kanállal addig keverjük, amíg minden össze nem keveredik és tésztát nem kap. Főzzük tovább a tésztát 2 percig, ügyelve arra, hogy ne maradjon nyers liszt.
h) Egyenként adjuk hozzá a tojásokat, és egy kanállal keverjük tovább, amíg minden jól el nem keveredik. Elsőre nedvesnek tűnhet, de a tészta összeáll, és leválik az edény falairól.
i) Vegyük le a tésztát a tűzről, és tegyük át egy zsákba vagy visszazárható műanyag zacskóba. Töltsd meg a zacskót 3,4-ig, és vágj egy egészet az egyik sarkába.
j) Körülbelül 4-5 centiméter hosszú, tésztakrémből készült rönköket csepegtessünk a tepsire, minden tepsire kb. 10-12 darab fér el.
k) Süsse a pástétomot 425 Fahrenheit-fokon 10 percig, majd csökkentse a hőt 250 Fahrenheit-fokra, és folytassa a sütést további 20 percig, vagy amíg az összes pástétom aranybarna nem lesz. Ha kész, vegyük ki a sütőből és hagyjuk teljesen kihűlni.

ELKÉSZÍTSÜK A SÓS KARAMELLÉSZT

l) A cukrot egy kis lábasba tesszük, és alacsony lángon addig főzzük, amíg a cukor csomós lesz.

m) Fakanállal törje fel a cukrot, ha szükséges, és folytassa a főzést, amíg a cukor elolvad, teljesen sima és világosbarna színűvé nem válik.

n) Adjuk hozzá a vajat, a vaníliát és a tejszínt, és keverjük össze. Adjunk hozzá egy csipetnyi pelyhes tengeri sót, és kóstoljuk meg a fűszerezést.

o) Kapcsolja le a hőt, és folytassa a karamellszósz keverését, amíg besűrűsödik és önthető lesz. A félretett.

ÖSSZESZERELJÜK AZ ECLAIRS-EKET

p) Használjon pálcikát vagy nyársat, és szúrjon lyukakat a tésztahéj mindkét oldalára, és hozzon létre egy alagutat a tészta belsejében.

q) A kihűlt tésztakrémet belesimítjuk a tésztába, de ne töltsük túl.

r) Az eclair egyik oldalát mártsuk bele a karamellszószba, vagy egy kanál segítségével kanalazzuk a karamellszószt a tetejére.

s) Díszítse az eklért extra tengeri sóval vagy ehető szórással.

69. S'mores Éclairs

ÖSSZETEVŐK:

- 1 csésze teljes tej
- 1 csésze víz
- 1 csésze sózatlan vaj, apróra vágva
- 1 teáskanál cukor
- ½ teáskanál só
- 1 csésze univerzális liszt
- 7 nagy tojás, szobahőmérsékleten
- ¾ csésze graham keksz morzsa
- 4 csésze tejszínhab
- 1 csésze csokoládé ganache

UTASÍTÁS:

a) Melegítse elő a sütőt is 400°F-ra. Sütőpapírral készítsünk elő 2 nagy tepsit. Félretesz, mellőz.
b) Egy vastag aljú, közepes lábasban forraljuk fel a tejet, a vizet, a vajat, a cukrot és a sót. Amikor a keverék felforrt, egyszerre adjuk hozzá az összes lisztet, mérsékeljük a hőt közepesre, és fakanállal gyorsan keverjük össze. 1 perc elteltével csökkentse a hőt alacsonyra, és keverje még 3 percig. A tészta sima és fényes lesz.
c) Tegye át a tésztát egy lapáttal ellátott keverő táljába. A tésztát 5 percig verjük, hogy kihűljön.
d) Egyenként adjuk hozzá a tojásokat, minden tojás hozzáadása után 1 percig verjük. A tészta szétválik, de egy idő után újra összeáll.
e) Helyezze a tésztát egy 1"-es nyílású zsákba. A tésztát 3-4" hosszúságban a sütőpapírral bélelt tepsire simítsa. Szükség esetén nedves ujjal érintse meg a szaggatott tésztaéleket.
f) Süssük az éclairt 20 percig, vagy amíg felfújják és aranybarnák lesznek. A sütési idő felénél forgassa meg a serpenyőket.
g) A töltelékhez a tejszínhabbal beleforgatjuk a graham keksz morzsát.
h) Miután az éclairs kihűlt, egy hosszú, keskeny csővég segítségével megtöltjük tejszínhabbal.

70. Borsmenta Eclairs

ÖSSZETEVŐK:
PATE A CHOUX:
- 1/2 csésze sótlan vaj
- 1 csésze víz
- 1/4 teáskanál só
- 1 csésze univerzális liszt
- 4 nagy tojás

BORSMENTÁS TÖLTETÉSHEZ:
- 1/2 csésze sózatlan vaj, megpuhult
- 4 dkg krémsajt, lágyítva
- 1/2 csésze édesített sűrített tej
- 1 1/2 csésze tejszín, hűtve
- 1 csésze cukrászcukor (elhagyható)
- 1 tk vanília
- 1/4 tk borsmenta olaj

KÖRETÉSÉHEZ:
- 1 1/2 csésze fehér csokoládé megolvad
- 1/2 csésze zúzott cukorkát
- Piros ételfesték (opcionális)

UTASÍTÁS:
PATE A CHOUX:
a) Melegítsük elő a sütőt 425F/218C-ra, és béleljünk ki egy tepsit sütőpapírral.
b) Egy serpenyőben olvasszuk meg a vajat, adjunk hozzá vizet és sót, forraljuk fel.
c) Adjunk hozzá lisztet, keverjük addig, amíg tésztagolyó nem lesz. 20 percig hagyjuk hűlni.
d) Fokozatosan, egyenként adjuk hozzá a tojásokat, minden hozzáadás után alaposan keverjük össze.
e) Tegye át a tésztát egy cukrászzacskóba, és 4-6 hüvelykes ekléreket csípjen a tepsire.
f) Süssük 425F/218C-on 10 percig, majd csökkentsd a hőt 375F/190C-ra, és 40-45 perc alatt süsd aranybarnára. Ne nyissa ki a sütő ajtaját.

KITÖLTÉSÉHEZ:
g) A lágy vajat és a krémsajtot habosra keverjük.

h) Adjunk hozzá édesített sűrített tejet, keverjük krémesre.
i) Adjunk hozzá hűtött tejszínt, vaníliát és borsmentaolajat. Keverjük addig, amíg merev csúcsok képződnek.

AZ ECLAIRS ÖSSZESZERELÉSE:

j) Hűtse le teljesen az ekléreket, és készítsen lyukakat a töltéshez.
k) A tölteléket egy töltelékhegyes cukrászzacskóba öntjük, és addig töltjük az ekléreket, amíg a krém ki nem jön a végükön.
l) Díszítéshez mártsuk az ekléreket olvasztott fehér csokoládéba, majd szórjuk meg a zúzott cukorkát.
m) Opcionálisan tartalékoljon 1 csésze tejszínhabot, adjon hozzá piros ételfestéket, és csepegtesse a sima eklérre. Díszítsük zúzott cukorkával.
n) Tárolja hűtőszekrényben, ha néhány órán belül nem fogyasztja el. A legjobban 2-3 napon belül élvezhető.

71. Toffee Crunch Éclairs

ÖSSZETEVŐK:
A CHOUX PASTRY-HOZ:
- 1 csésze víz
- 1/2 csésze sótlan vaj
- 1 csésze univerzális liszt
- 4 nagy tojás

A TÖLTETÉSHEZ:
- 2 csésze karamell ízű tésztakrém

A TOFFEE CRUCH FELTÉTÉHEZ:
- 1 csésze karamellás vagy tört karamellás cukorka
- 1/2 csésze apróra vágott dió (pl. mandula vagy pekándió)

A MÁZHOZ:
- 1/2 csésze étcsokoládé, apróra vágva
- 1/4 csésze sótlan vaj
- 1 csésze porcukor
- 1/4 csésze forró víz

UTASÍTÁS:
CHOUX SÜTEMÉNY:
a) Melegítsd elő a sütőt 190°C-ra, és bélelj ki egy tepsit sütőpapírral.
b) Egy serpenyőben keverjük össze a vizet és a vajat. Közepes lángon addig melegítjük, amíg a vaj elolvad, és a keverék fel nem forr.
c) Levesszük a tűzről, hozzáadjuk a lisztet, és erőteljesen keverjük, amíg golyót nem kapunk.
d) A tésztát hagyjuk hűlni néhány percig, majd egyenként adjuk hozzá a tojásokat, minden hozzáadás után jól felverjük.
e) Tegye át a tésztát egy zsákba, és pipálja az éclairt az előkészített tepsire.
f) Süssük körülbelül 30 percig, vagy amíg aranybarna nem lesz. Hagyjuk kihűlni.

TÖLTŐ:
g) Készítsünk karamelilla ízű tésztakrémet. Hozzáadhat karamellás kivonatot vagy zúzott karamelldarabkákat egy klasszikus cukrászkrém recepthez, vagy használhat előre elkészített karamell ízű tésztakrémet.

h) Töltsük meg az éclaireket a karamell ízű tésztakrémmel egy zsák vagy egy kiskanáll segítségével.

TOFFEE CRUNCH TETŐ:
i) Egy tálban keverjük össze a karamellás darabkákat és az apróra vágott diót.
j) Bőségesen szórja rá a karamellás öntetet a töltött éclaire-re, így biztosítva az egyenletes fedést.

ZOMÁNC:
k) Egy hőálló tálban olvasszuk fel az étcsokoládét és a vajat dupla bojler fölött.
l) Levesszük a tűzről, hozzáadjuk a porcukrot, és a forró vízben fokozatosan simára keverjük.
m) Minden éclair tetejét mártsuk az étcsokoládé mázba, így biztosítva az egyenletes fedést. Hagyja, hogy a felesleg lecsepegjen.
n) Tedd egy tálcára a mázas éclaireket, és hagyd hűlni, amíg a csokoládé megdermed.
o) Tálalja lehűtve, és élvezze a Toffee Crunch Éclairs édes és ropogós finomságát!

72. Vattacukor Éclairs

ÖSSZETEVŐK:
A CHOUX PASTRY-HOZ:
- 1 csésze víz
- 1/2 csésze sótlan vaj
- 1 csésze univerzális liszt
- 4 nagy tojás

A TÖLTETÉSHEZ:
- 2 csésze vattacukor ízű tésztakrém

A vattacukor körethez:
- Vattacukor öntethez

A MÁZHOZ:
- 1/2 csésze fehér csokoládé, apróra vágva
- 1/4 csésze sótlan vaj
- 1 csésze porcukor
- 1/4 csésze forró víz

UTASÍTÁS:
CHOUX SÜTEMÉNY:
a) Melegítsd elő a sütőt 190°C-ra, és bélelj ki egy tepsit sütőpapírral.
b) Egy serpenyőben keverjük össze a vizet és a vajat. Közepes lángon addig melegítjük, amíg a vaj elolvad, és a keverék fel nem forr.
c) Levesszük a tűzről, hozzáadjuk a lisztet, és erőteljesen keverjük, amíg golyót nem kapunk.
d) A tésztát hagyjuk hűlni néhány percig, majd egyenként adjuk hozzá a tojásokat, minden hozzáadás után jól felverjük.
e) Tegye át a tésztát egy zsákba, és pipálja az éclairt az előkészített tepsire.
f) Süssük körülbelül 30 percig, vagy amíg aranybarna nem lesz. Hagyjuk kihűlni.

TÖLTŐ:
g) Készítsünk vattacukor ízű tésztakrémet. Klasszikus cukrászkrém recepthez adhatunk vattacukor ízesítést vagy zúzott vattacukrot, vagy használhatunk előre elkészített vattacukor ízű cukrászkrémet.

h) Töltsük meg a vattacukor ízű tésztakrémmel az éclaireket egy zsák vagy egy kiskanáll segítségével.

vattacukor köret:
i) Közvetlenül tálalás előtt tegyünk meg minden éclairt egy csomó vattacukorral a szeszélyes érintés érdekében.

ZOMÁNC:
j) Egy hőálló tálban dupla kazán felett felolvasztjuk a fehér csokoládét és a vajat.
k) Levesszük a tűzről, hozzáadjuk a porcukrot, és a forró vízben fokozatosan simára keverjük.
l) Minden éclair tetejét mártsuk a fehér csokimázba, így biztosítva az egyenletes fedést. Hagyja, hogy a felesleg lecsepegjen.
m) Tedd egy tálcára a mázas éclaireket, és hagyd hűlni, amíg a fehér csokoládé megdermed.
n) Tálalja lehűtve, és tapasztalja meg a Cotton Candy Éclairs édes nosztalgiáját!

73. Rocky Road Éclairs

ÖSSZETEVŐK:

A CHOUX PASTRY-HOZ:
- 1 csésze víz
- 1/2 csésze sótlan vaj
- 1 csésze univerzális liszt
- 4 nagy tojás

A TÖLTETÉSHEZ:
- 2 csésze csokoládé mousse vagy csokoládé ízű péksütemény

A ROCKY ÚT FELTÖLTÉSÉHEZ:
- 1 csésze mini mályvacukor
- 1/2 csésze apróra vágott dió (pl. mandula vagy dió)
- 1/2 csésze csokireszelék vagy darabok

A CSOKOLÁDÉMÁZHOZ:
- 1/2 csésze étcsokoládé, apróra vágva
- 1/4 csésze sótlan vaj
- 1 csésze porcukor
- 1/4 csésze forró víz

UTASÍTÁS:
CHOUX SÜTEMÉNY:
a) Melegítsd elő a sütőt 190°C-ra, és bélelj ki egy tepsit sütőpapírral.
b) Egy serpenyőben keverjük össze a vizet és a vajat. Közepes lángon addig melegítjük, amíg a vaj elolvad, és a keverék fel nem forr.
c) Levesszük a tűzről, hozzáadjuk a lisztet, és erőteljesen keverjük, amíg golyót nem kapunk.
d) A tésztát hagyjuk hűlni néhány percig, majd egyenként adjuk hozzá a tojásokat, minden hozzáadás után jól felverjük.
e) Tegye át a tésztát egy zsákba, és pipálja az éclairt az előkészített tepsire.
f) Süssük körülbelül 30 percig, vagy amíg aranybarna nem lesz. Hagyjuk kihűlni.

TÖLTŐ:
g) Készítsünk csokoládéhabot vagy csokoládéízű cukrászkrémet. Használhat előre elkészített változatot, vagy elkészítheti saját ízlése szerint.

h) Töltsük meg az éclaireket a csokoládéhabbal vagy csokoládéízű tésztakrémmel egy zsák vagy egy kiskanáll segítségével.

ROCKY ROAD FELDOLGOZÁS:

i) Egy tálban keverjük össze a mini mályvacukrot, az apróra vágott diót és a csokireszeléket.

j) Bőségesen szórja meg a sziklás útburkolatot a megtöltött éclairekre, biztosítva az egyenletes fedést.

CSOKOLÁDÉMÁZ:

k) Egy hőálló tálban olvasszuk fel az étcsokoládét és a vajat dupla bojler fölött.

l) Levesszük a tűzről, hozzáadjuk a porcukrot, és a forró vízben fokozatosan simára keverjük.

m) Minden éclair tetejét mártsuk a csokimázba, így biztosítva az egyenletes fedést. Hagyja, hogy a felesleg lecsepegjen.

n) Tedd egy tálcára a mázas éclaireket, és hagyd hűlni, amíg a csokoládé megdermed.

o) Tálalja lehűtve, és élvezze a textúrák és ízek elragadó kombinációját a Rocky Road Éclairs-ben!

74. Bubblegum Éclairs

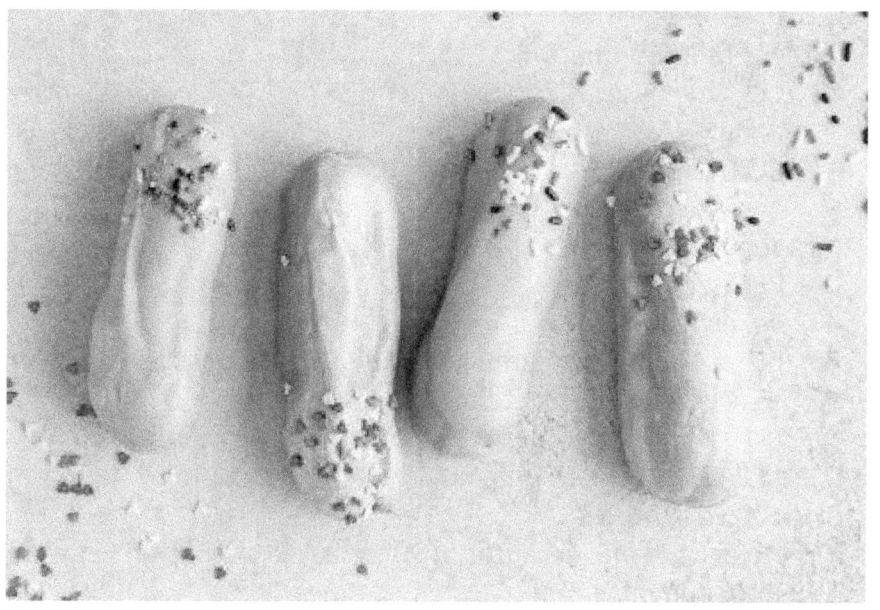

ÖSSZETEVŐK:
A CHOUX PASTRY-HOZ:
- 1 csésze víz
- 1/2 csésze sótlan vaj
- 1 csésze univerzális liszt
- 4 nagy tojás

A TÖLTETÉSHEZ:
- 2 csésze rágógumi ízű tésztakrém

A rágógumi mázhoz :
- 1 csésze porcukor
- 2-3 evőkanál tej
- 1-2 teáskanál rágógumi kivonat vagy ízesítő (ízlés szerint)
- Rózsaszín vagy kék ételfesték (opcionális)

UTASÍTÁS:
CHOUX SÜTEMÉNY:
a) Melegítsd elő a sütőt 190°C-ra, és bélelj ki egy tepsit sütőpapírral.
b) Egy serpenyőben keverjük össze a vizet és a vajat. Közepes lángon addig melegítjük, amíg a vaj elolvad, és a keverék fel nem forr.
c) Levesszük a tűzről, hozzáadjuk a lisztet, és erőteljesen keverjük, amíg golyót nem kapunk.
d) A tésztát hagyjuk hűlni néhány percig, majd egyenként adjuk hozzá a tojásokat, minden hozzáadás után jól felverjük.
e) Tegye át a tésztát egy zsákba, és pipálja az éclairt az előkészített tepsire.
f) Süssük körülbelül 30 percig, vagy amíg aranybarna nem lesz. Hagyjuk kihűlni.

TÖLTŐ:
g) Készítsünk rágógumi ízű tésztakrémet. Adjon hozzá rágógumi kivonatot vagy ízesítőt egy klasszikus cukrászkrém recepthez, vagy használjon előre elkészített rágógumi ízű tésztakrémet.
h) Töltsük meg az éclaireket a rágógumi ízű tésztakrémmel egy zsák vagy egy kiskanáll segítségével.

HAJÓGÁZ:

i) Egy tálban keverjük össze a porcukrot, a tejet és a rágógumi kivonatot. Keverjük simára.
j) Ha szükséges, adjon hozzá néhány csepp rózsaszín vagy kék ételfestéket, hogy elérje a rágógumi színét.
k) Minden éclair tetejét mártsuk bele a rágógumi mázba, így biztosítva az egyenletes fedést. Hagyja, hogy a felesleg lecsepegjen.
l) Tedd egy tálcára a mázas éclaireket, és hagyd kihűlni, amíg a máz megszilárdul.
m) Tálalja lehűtve, és tapasztalja meg a Bubblegum Éclairs szórakoztató és egyedi ízét!

75.Sour Patch Citrus Éclairs

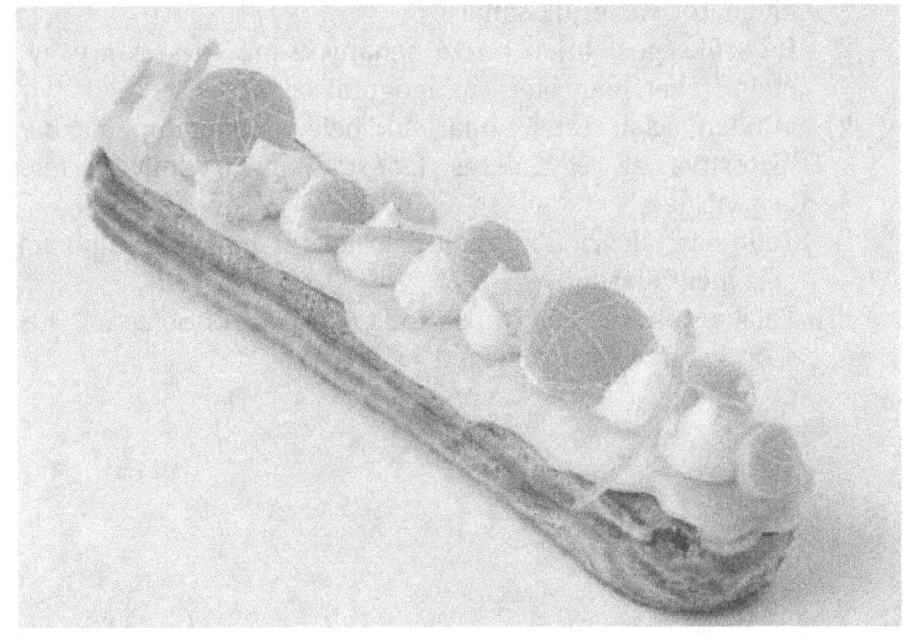

ÖSSZETEVŐK:

A CHOUX PASTRY-HOZ:
- 1 csésze víz
- 1/2 csésze sótlan vaj
- 1 csésze univerzális liszt
- 4 nagy tojás

A CITRUS TÖLTETÉSHEZ:
- 2 csésze citrusos cukrászkrém
- (Kombinálja a citrom-, lime- és narancshéjat egy klasszikus tésztakrém receptben, vagy használjon előre elkészített, citrus ízű tésztakrémet.)

A SAVANYÚ FOLTOS CITRUS MÁZHOZ:
- 1 csésze porcukor
- 2-3 evőkanál citruslé (citrom, lime vagy narancs)
- 1-2 teáskanál citromsav vagy borkősav (ízlés szerint módosítsa a savanyúságot)
- Egy citrusfélék héja (díszítéshez)

UTASÍTÁS:
CHOUX SÜTEMÉNY:
a) Melegítsd elő a sütőt 190°C-ra, és bélelj ki egy tepsit sütőpapírral.
b) Egy serpenyőben keverjük össze a vizet és a vajat. Közepes lángon addig melegítjük, amíg a vaj elolvad, és a keverék fel nem forr.
c) Levesszük a tűzről, hozzáadjuk a lisztet, és erőteljesen keverjük, amíg golyót nem kapunk.
d) A tésztát hagyjuk hűlni néhány percig, majd egyenként adjuk hozzá a tojásokat, minden hozzáadás után jól felverjük.
e) Tegye át a tésztát egy zsákba, és pipálja az éclairt az előkészített tepsire.
f) Süssük körülbelül 30 percig, vagy amíg aranybarna nem lesz. Hagyjuk kihűlni.

CITRUS TÖLTETÉS:
g) Készítsünk citrusos cukrászkrémet. Kombinálja a citrom-, lime- és narancshéjat egy klasszikus tésztakrém receptben, vagy használjon előre elkészített citrus ízű tésztakrémet.

h) Töltsük meg az éclaireket a citrusos cukrászkrémmel egy zsák vagy egy kis kanál segítségével.

SAVANYÚ FOLT CITRUS MÁZ:

i) Egy tálban keverjük össze a porcukrot, a citruslevet és a citromsavat. Keverjük simára. Állítsa be a citromsavat, hogy elérje a kívánt savanyúságot.
j) Mártsa be minden éclair tetejét a savanykás citrusmázba, így biztosítva az egyenletes fedést. Hagyja, hogy a felesleg lecsepegjen.
k) Díszítésként szórd meg citrusfélék héját a mázas éclaire-re.
l) Tedd egy tálcára a mázas éclaireket, és hagyd kihűlni, amíg a máz megszilárdul.
m) Tálalja lehűtve, és élvezze a Sour Patch Citrus Éclairs zamatos és csípős ízét!

76.Éclairs édesgyökér szerelmesei

ÖSSZETEVŐK:
A CHOUX PASTRY-HOZ:
- 1 csésze víz
- 1/2 csésze sótlan vaj
- 1 csésze univerzális liszt
- 4 nagy tojás

A TÖLTETÉSHEZ:
- 2 csésze édesgyökér ízű tésztakrém

Az Édesgyökér-mázhoz:
- 1 csésze porcukor
- 2-3 evőkanál édesgyökér szirup vagy kivonat
- Fekete ételfesték (opcionális, színhez)
- Víz (amennyire szükséges a konzisztenciához)

UTASÍTÁS:
CHOUX SÜTEMÉNY:
a) Melegítsd elő a sütőt 190°C-ra, és bélelj ki egy tepsit sütőpapírral.
b) Egy serpenyőben keverjük össze a vizet és a vajat. Közepes lángon addig melegítjük, amíg a vaj elolvad, és a keverék fel nem forr.
c) Levesszük a tűzről, hozzáadjuk a lisztet, és erőteljesen keverjük, amíg golyót nem kapunk.
d) A tésztát hagyjuk hűlni néhány percig, majd egyenként adjuk hozzá a tojásokat, minden hozzáadás után jól felverjük.
e) Tegye át a tésztát egy zsákba, és pipálja az éclairt az előkészített tepsire.
f) Süssük körülbelül 30 percig, vagy amíg aranybarna nem lesz. Hagyjuk kihűlni.

TÖLTŐ:
g) Készítsünk édesgyökér ízű tésztakrémet. Adjon hozzá édesgyökér szirupot vagy kivonatot egy klasszikus cukrászkrém recepthez, vagy használjon előre elkészített édesgyökér ízű tésztakrémet.
h) Töltsük meg az éclaireket az édesgyökér-ízű tésztakrémmel egy zsák vagy egy kiskanáll segítségével.

Édesgyökér-máz:
i) Egy tálban keverjük össze a porcukrot és az édesgyökér szirupot vagy kivonatot. Fokozatosan adjuk hozzá a vizet, amíg el nem érjük a kívánt máz állagot.
j) Ha szükséges, adjon hozzá fekete ételfestéket, hogy mély édesgyökér színt kapjon.
k) Minden éclair tetejét mártsuk bele az édesgyökér mázba, így biztosítva az egyenletes fedést. Hagyja, hogy a felesleg lecsepegjen.
l) Tedd egy tálcára a mázas éclaireket, és hagyd kihűlni, amíg a máz megszilárdul.
m) Tálalja lehűtve, és tapasztalja meg a Licorice Lovers Éclairs merész és egyedi ízét!

KÁVÉ ÍZESÍTÉSŰ ECLAIRS

77. Cappuccino Eclairs

ÖSSZETEVŐK:

- 1 adag házi vagy bolti eclair tésztahéj
- 1 csésze nehéz tejszín
- 2 evőkanál instant kávé granulátum
- ¼ csésze porcukor
- ½ teáskanál vanília kivonat
- ¼ csésze kakaópor (porozáshoz)

UTASÍTÁS:

a) Készítse elő az eclair tésztahéjakat a recept vagy a csomagolási utasítás szerint, és hagyja kihűlni.
b) Egy kis tálkában oldjuk fel az instant kávé granulátumot néhány evőkanál forró vízben. Hagyja kihűlni.
c) Egy külön tálban kemény habbá verjük a tejszínt, a porcukrot és a vaníliakivonatot.
d) A kávés keveréket óvatosan a tejszínhabbal keverjük.
e) Mindegyik eclair héját vízszintesen kettévágjuk, és megtöltjük a kávéízű tejszínhabbal.
f) Az eklér tetejét megszórjuk kakaóporral.
g) Tálalja és élvezze házi készítésű cappuccino eclaireit!

78. Tiramisu Eclairs

ÖSSZETEVŐK:
ECLAIR TÉSZTA:
- 3 nagy tojás, szobahőmérsékleten
- 1/2 csésze víz
- 4 1/2 evőkanál sótlan vaj, 1/2 hüvelykes kockákra vágva
- 3 evőkanál kristálycukor
- 3/4 csésze szitált univerzális liszt
- 1 evőkanál instant kávé
- 1 1/2 teáskanál őrölt fahéj

MASCARPONE töltelék:
- 8 uncia mascarpone sajt
- 1/2 csésze nehéz tejszín
- 6 evőkanál kristálycukor
- 2 evőkanál világos rum

ZOMÁNC:
- 1/2 csésze cukrászcukor
- 5 teáskanál kemény tejszín

UTASÍTÁS:
ECLAIR TÉSZTA:
a) Melegítsük elő a sütőt 425 F fokra. Béleljünk ki két tepsit sütőpapírral.
b) Egy üveg mérőedényben keverjük össze a tojásokat. Tartson 2 evőkanál felvert tojást egy kis csészébe.
c) Egy közepesen nehéz serpenyőben keverjük össze a vizet, a vajat és a cukrot. Közepes lángon addig melegítjük, amíg a vaj elolvad.
d) Növelje a hőt közepesen magasra, és forralja fel a keveréket. Vegyük le a tűzről.
e) Dróthabverővel keverjük hozzá a lisztet, az instant kávét és a fahéjat. 20-30 másodpercig erőteljesen kavargassuk, amíg a keverék sima nem lesz, és elválik az edény oldalától.
f) Tegye vissza a serpenyőt a tűzre, folyamatosan keverje fakanállal. 30-60 másodpercig főzzük, amíg a paszta nagyon sima golyót nem kap. Tegye át a masszát egy nagy tálba.
g) Öntse a fél csésze felvert tojást a masszára, és egy fakanállal erőteljesen verje 45-60 másodpercig, amíg a keverék sima,

puha tésztát nem kap. A tésztának meg kell tartania a formáját, amikor kanállal felveszi, de elég lágynak kell lennie ahhoz, hogy megdöntve lassan lecsússzon a kanálról.

h) Töltsön meg egy 5/16 hüvelykes sima hegyű cukrászzacskót az eclair tésztával. Csővelj körülbelül 1/2 hüvelyk széles csíkokat az előkészített sütőlapokra, és hagyjon körülbelül 1,5 hüvelyk távolságot az eclaire között.
i) Enyhén megkenjük az eklér tetejét a maradék felvert tojással.
j) Süssük az ekléreket 10 percig, majd csökkentsük a sütő hőmérsékletét 375 F-ra. Folytassuk a sütést 20-25 percig, amíg ropogós nem lesznek. Tegye az ekléreket egy rácsra, és hűtse le teljesen.

MASCARPONE töltelék:
k) Egy nagy tálban keverjük simára a mascarponés sajtot, a tejszínt, a cukrot.
l) Belekeverjük a rumot.

ZOMÁNC:
m) Egy kis tálban keverje össze a cukrászati cukrot a kemény tejszínnel. Simára keverjük.

AZ ECLAIRS ÖSSZESZERELÉSE ÉS MAZÁSA:
n) Vágja félbe az ekléreket, és távolítsa el a nedves tésztát.
o) Töltsön meg minden eclairt körülbelül három evőkanál mascarponés töltelékkel.
p) Helyezze vissza minden eklér tetejét.
q) Kenje meg a mázat minden eklér tetejére.
r) Megszórjuk szitált kakaóporral, és ízlés szerint tejszínhabbal díszítjük.

79.Mocha Eclairs

ÖSSZETEVŐK:
CHOUX PÜTEMÉNY:
- 1 Choux tészta

KÁVÉKRÉM PATISZIÉ:
- 2 tk vanília kivonat
- 500 ml tej
- 120 g cukor
- 50 g sima liszt
- 120 g tojássárgája (kb. 6 tojás)
- 60 ml eszpresszó
- 10 g instant kávé

CRAQUELIN csokoládé:
- 80 g sima liszt
- 10 g kakaópor
- 90 g porcukor
- 75 g sótlan vaj (kockára vágva)

CSOKOLÁDEMÉR:
- 500 g Fondant porcukor
- 50 g étcsokoládé (olvasztott)
- Víz

DÍSZÍTENI:
- Kávébab
- Kakaóhús

UTASÍTÁS:
CHOUX PÜTEMÉNY:
a) Melegítsd elő a sütőt 200°C-ra (légkeveréses 180°C), és bélelj ki egy tepsit sütőpapírral.
b) Készítse el a choux tésztát kedvenc receptje szerint, vagy ha kívánja, bolti péksüteményt használjon.
c) Az előkészített tálcán éclair formába öntjük a choux tésztát. Süssük aranybarnára és felfuvalkodott. Hagyjuk kihűlni.

KÁVÉKRÉM PATISZIÉ:
d) Egy serpenyőben keverje össze a tejet, a cukrot, a vaníliakivonatot, a lisztet és az instant kávét. Habverővel simára keverjük.

e) A keveréket közepes lángon, folyamatos keverés mellett addig melegítjük, amíg besűrűsödik.
f) Egy külön tálban verjük fel a tojássárgáját. Fokozatosan adjunk hozzá egy merőkanálnyi forró tejes keveréket a tojássárgájához, folyamatosan keverjük.
g) A tojássárgás keveréket visszaöntjük a serpenyőbe, és addig főzzük, amíg a puding sűrű nem lesz.
h) Vegyük le a tűzről, és keverjük hozzá az eszpresszót. Hagyd hülni.

CRAQUELIN csokoládé:
i) Egy tálban keverjük össze a lisztet, a kakaóport, a porcukrot és a kockára vágott sótlan vajat, amíg tésztát nem kapunk.
j) Két sütőpapír között nyújtsuk ki a tésztát a kívánt vastagságra.
k) Hűtőben hűtsük keményre a tésztát. Miután megszilárdult, vágja ki a köröket, hogy az éclaire tetejére helyezze.

CSOKOLÁDÉMÉR:
l) Az étcsokoládét felolvasztjuk és kicsit hűlni hagyjuk.
m) Egy tálban keverjük össze a fondant porcukrot és az olvasztott csokoládét. Fokozatosan adjunk hozzá vizet, amíg sima, önthető állagot nem kapunk.

ÖSSZESZERELÉS:
n) A kihűlt éclairt vízszintesen kettévágjuk.
o) Töltsön meg egy zacskót a kávékrémes cukrászsütivel, és tömítse rá minden éclair alsó felére.
p) Helyezze a csokis craquelint a krémes cukrászda tetejére.
q) Minden éclair tetejét mártsuk a csokoládémázba, hagyjuk, hogy a felesleg lecsepegjen.
r) Hagyja megdermedni a csokoládémázat.
s) Kávébabbal és kakaórággyal díszítjük.

80. Espresso Bean Crunch Éclairs

ÖSSZETEVŐK:

A CHOUX PASTRY-HOZ:
- 1 csésze víz
- 1/2 csésze sótlan vaj
- 1 csésze univerzális liszt
- 4 nagy tojás

A TÖLTETÉSHEZ:
- 2 csésze kávé ízű tésztakrém

AZ ESPRESSZÓBAB RÖGZÍTÉSÉHEZ:
- 1/2 csésze csokoládéval bevont eszpresszóbab, apróra vágva

A KÁVÉMÁZHOZ:
- 1/2 csésze étcsokoládé, apróra vágva
- 1/4 csésze sótlan vaj
- 1 csésze porcukor
- 1-2 evőkanál főzött erős kávé vagy eszpresszó

UTASÍTÁS:

CHOUX PÜTEMÉNY:

a) Melegítsd elő a sütőt 190°C-ra, és bélelj ki egy tepsit sütőpapírral.

b) Egy serpenyőben keverjük össze a vizet és a vajat. Közepes lángon addig melegítjük, amíg a vaj elolvad, és a keverék fel nem forr.

c) Levesszük a tűzről, hozzáadjuk a lisztet, és erőteljesen keverjük, amíg golyót nem kapunk.

d) A tésztát hagyjuk hűlni néhány percig, majd egyenként adjuk hozzá a tojásokat, minden hozzáadás után jól felverjük.

e) Tegye át a tésztát egy zsákba, és pipálja az éclairt az előkészített tepsire.

f) Süssük körülbelül 30 percig, vagy amíg aranybarna nem lesz. Hagyjuk kihűlni.

TÖLTŐ:

g) Kávé ízű tésztakrémet készítünk. Adjon hozzá kávét vagy eszpresszót egy klasszikus cukrászkrém recepthez, vagy használjon előre elkészített kávé ízű tésztakrémet.

h) Töltsük meg az éclaireket a kávé ízű tésztakrémmel egy pipazsák vagy egy kiskanáll segítségével.

i) Espresso Bean Crunch öntet:
j) A csokoládéval bevont eszpresszóbabot finomra vágjuk.
k) Az apróra vágott eszpresszóbabot bőségesen szórja a megtöltött éclairere, így biztosítva az egyenletes fedést.

KÁVÉMÁZ:
l) Egy hőálló tálban olvasszuk fel az étcsokoládét és a vajat dupla bojler fölött.
m) Levesszük a tűzről, hozzáadjuk a porcukrot, és fokozatosan simára keverjük a főzött erős kávét vagy eszpresszót.
n) Minden éclair tetejét mártsuk a kávémázba, így biztosítva az egyenletes fedést. Hagyja, hogy a felesleg lecsepegjen.
o) Tedd egy tálcára a mázas éclaireket, és hagyd hűlni, amíg a csokoládé megdermed.
p) Tálalja lehűtve, és élvezze a kávé ízének és a ropogós eszpresszóbab öntetének elragadó kombinációját az Espresso Bean Crunch Éclairs-ben!

81.Ír kávé Éclairs

ÖSSZETEVŐK:
A CHOUX PASTRY-HOZ:
- 1 csésze víz
- 1/2 csésze sótlan vaj
- 1 csésze univerzális liszt
- 4 nagy tojás

A TÖLTETÉSHEZ:
- 2 csésze ír kávé ízű tésztakrém
- (Kávét, ír tejszínt és egy csipet whiskyt kombináljon egy klasszikus cukrászkrém receptben, vagy használjon előre elkészített ír kávé ízű tésztakrémet.)

ÍR KÁVÉMÁZHOZ:
- 1/2 csésze fehér csokoládé, apróra vágva
- 1/4 csésze sótlan vaj
- 1 csésze porcukor
- 1-2 evőkanál ír tejszín

UTASÍTÁS:
CHOUX PÜTEMÉNY:
a) Melegítsd elő a sütőt 190°C-ra, és bélelj ki egy tepsit sütőpapírral.
b) Egy serpenyőben keverjük össze a vizet és a vajat. Közepes lángon addig melegítjük, amíg a vaj elolvad, és a keverék fel nem forr.
c) Levesszük a tűzről, hozzáadjuk a lisztet, és erőteljesen keverjük, amíg golyót nem kapunk.
d) A tésztát hagyjuk hűlni néhány percig, majd egyenként adjuk hozzá a tojásokat, minden hozzáadás után jól felverjük.
e) Tegye át a tésztát egy zsákba, és pipálja az éclairt az előkészített tepsire.
f) Süssük körülbelül 30 percig, vagy amíg aranybarna nem lesz. Hagyjuk kihűlni.

TÖLTŐ:
g) Készítsünk ír kávé ízű tésztakrémet. Kombinálja a kávét, az ír tejszínt és egy csipetnyi whiskyt egy klasszikus cukrászkrém receptben, vagy használjon előre elkészített ír kávé ízű tésztakrémet.

h) Töltsük meg az éclaireket az ír kávé ízű péksüteménykrémmel egy zsák vagy egy kis kanál segítségével.

ÍR KÁVÉMÁZ:

i) Egy hőálló tálban olvasszuk fel a csokoládét és a vajat dupla kazán felett.
j) Levesszük a tűzről, hozzáadjuk a porcukrot, és fokozatosan keverjük simára az ír tejszínt.
k) Mártsa be minden éclair tetejét az ír kávémázba, így biztosítva az egyenletes fedést. Hagyja, hogy a felesleg lecsepegjen.
l) Tedd egy tálcára a mázas éclaireket, és hagyd hűlni, amíg a csokoládé megdermed.
m) Tálalja lehűtve, és élvezze az Irish Coffee Éclairs gazdag és kényeztető ízét!

82. Vanilla Latte Éclairs

ÖSSZETEVŐK:
A CHOUX PASTRY-HOZ:
- 1 csésze víz
- 1/2 csésze sótlan vaj
- 1 csésze univerzális liszt
- 4 nagy tojás

A TÖLTETÉSHEZ:
- 2 csésze vaníliás tejeskávé ízű tésztakrém
- (A vaníliakivonatot és az erős főzött kávét vagy eszpresszót kombinálja egy klasszikus cukrászkrém receptben, vagy használjon előre elkészített vaníliás tejeskávé ízű tésztakrémet.)

A KÁVÉMÁZHOZ:
- 1/2 csésze étcsokoládé, apróra vágva
- 1/4 csésze sótlan vaj
- 1 csésze porcukor
- 1-2 evőkanál főzött erős kávé vagy eszpresszó

UTASÍTÁS:
CHOUX PÜTEMÉNY:
a) Melegítsd elő a sütőt 190°C-ra, és bélelj ki egy tepsit sütőpapírral.
b) Egy serpenyőben keverjük össze a vizet és a vajat. Közepes lángon addig melegítjük, amíg a vaj elolvad, és a keverék fel nem forr.
c) Levesszük a tűzről, hozzáadjuk a lisztet, és erőteljesen keverjük, amíg golyót nem kapunk.
d) A tésztát hagyjuk hűlni néhány percig, majd egyenként adjuk hozzá a tojásokat, minden hozzáadás után jól felverjük.
e) Tegye át a tésztát egy zsákba, és pipálja az éclairt az előkészített tepsire.
f) Süssük körülbelül 30 percig, vagy amíg aranybarna nem lesz. Hagyjuk kihűlni.

TÖLTŐ:
g) Elkészítjük a vaníliás tejeskávé ízű tésztakrémet. Kombinálja a vanília kivonatot és az erős főzött kávét vagy eszpresszót egy

klasszikus cukrászkrém receptben, vagy használjon előre elkészített vanília latte ízű tésztakrémet.

h) A vaníliás tejeskávé ízű tésztakrémmel töltsük meg az éclaireket egy zsák vagy egy kiskanáll segítségével.

KÁVÉMÁZ:

i) Egy hőálló tálban olvasszuk fel az étcsokoládét és a vajat dupla bojler fölött.
j) Levesszük a tűzről, hozzáadjuk a porcukrot, és fokozatosan simára keverjük a főzött erős kávét vagy eszpresszót.
k) Minden éclair tetejét mártsuk a kávémázba, így biztosítva az egyenletes fedést. Hagyja, hogy a felesleg lecsepegjen.
l) Tedd egy tálcára a mázas éclaireket, és hagyd hűlni, amíg a csokoládé megdermed.
m) Tálalja lehűtve, és élvezze a vanília és a kávé ízek harmonikus keverékét a Vanilla Latte Éclairs-ben!

83. Caramel Macchiato Éclairs

ÖSSZETEVŐK:
A CHOUX PASTRY-HOZ:
- 1 csésze víz
- 1/2 csésze sótlan vaj
- 1 csésze univerzális liszt
- 4 nagy tojás

A TÖLTETÉSHEZ:
- 2 csésze karamell macchiato ízű cukrászkrém
- (Kombinálja a karamellszószt és az erős főzött kávét vagy eszpresszót egy klasszikus cukrászkrém receptben, vagy használjon előre elkészített, karamell macchiato ízű tésztakrémet.)

A KARAMELLÁZHOZ:
- 1/2 csésze karamell szósz
- 1/4 csésze sótlan vaj
- 1 csésze porcukor
- 1-2 evőkanál főzött erős kávé vagy eszpresszó

UTASÍTÁS:
CHOUX PÜTEMÉNY:
a) Melegítsd elő a sütőt 190°C-ra, és bélelj ki egy tepsit sütőpapírral.
b) Egy serpenyőben keverjük össze a vizet és a vajat. Közepes lángon addig melegítjük, amíg a vaj elolvad, és a keverék fel nem forr.
c) Levesszük a tűzről, hozzáadjuk a lisztet, és erőteljesen keverjük, amíg golyót nem kapunk.
d) A tésztát hagyjuk hűlni néhány percig, majd egyenként adjuk hozzá a tojásokat, minden hozzáadás után jól felverjük.
e) Tegye át a tésztát egy zsákba, és pipálja az éclairt az előkészített tepsire.
f) Süssük körülbelül 30 percig, vagy amíg aranybarna nem lesz. Hagyjuk kihűlni.

TÖLTŐ:
g) Karamell macchiato ízű tésztakrémet készítünk. Kombinálja a karamellszószt és az erős főzött kávét vagy eszpresszót egy

klasszikus cukrászkrém receptben, vagy használjon előre elkészített, karamell macchiato ízű tésztakrémet.
h) Töltsük meg az éclaireket a karamell macchiato ízű tésztakrémmel egy zsák vagy egy kis kanál segítségével.

KARAMELLEMAZ:
i) Egy serpenyőben keverjük össze a karamellszószt és a vajat. Közepes lángon melegítsük, amíg a keverék sima nem lesz.
j) Levesszük a tűzről, hozzáadjuk a porcukrot, és fokozatosan simára keverjük a főzött erős kávét vagy eszpresszót.
k) Minden éclair tetejét mártsuk a karamellmázba, így biztosítva az egyenletes fedést. Hagyja, hogy a felesleg lecsepegjen.
l) Tedd egy tálcára a mázas éclaireket, és hagyd hűlni, amíg a karamell megszilárdul.

84. Mogyorós kávé Éclairs

ÖSSZETEVŐK:
A CHOUX PASTRY-HOZ:
- 1 csésze víz
- 1/2 csésze sótlan vaj
- 1 csésze univerzális liszt
- 4 nagy tojás

A TÖLTETÉSHEZ:
- 2 csésze mogyorós kávé ízű tésztakrém
- (Kombinálja a mogyoró kivonatot és az erős főzött kávét vagy eszpresszót egy klasszikus cukrászkrém receptben, vagy használjon előre elkészített, mogyorós kávé ízű tésztakrémet.)

A MOGYORÓS KÁVÉMÁZHOZ:
- 1/2 csésze étcsokoládé, apróra vágva
- 1/4 csésze sótlan vaj
- 1 csésze porcukor
- 1-2 evőkanál főzött erős mogyorós kávé vagy eszpresszó

UTASÍTÁS:
CHOUX PÜTEMÉNY:
a) Melegítsd elő a sütőt 190°C-ra, és bélelj ki egy tepsit sütőpapírral.
b) Egy serpenyőben keverjük össze a vizet és a vajat. Közepes lángon addig melegítjük, amíg a vaj elolvad, és a keverék fel nem forr.
c) Levesszük a tűzről, hozzáadjuk a lisztet, és erőteljesen keverjük, amíg golyót nem kapunk.
d) A tésztát hagyjuk hűlni néhány percig, majd egyenként adjuk hozzá a tojásokat, minden hozzáadás után jól felverjük.
e) Tegye át a tésztát egy zsákba, és pipálja az éclairt az előkészített tepsire.
f) Süssük körülbelül 30 percig, vagy amíg aranybarna nem lesz. Hagyjuk kihűlni.

TÖLTŐ:
g) Mogyorós kávé ízű tésztakrémet készítünk. Kombináld a mogyorókivonatot és az erősen főzött mogyorós kávét vagy eszpresszót egy klasszikus cukrászkrém receptben, vagy használj előre elkészített, mogyorós kávé ízű tésztakrémet.

h) Töltsük meg az éclaireket a mogyorós kávé ízű tésztakrémmel egy pipazsák vagy egy kiskanáll segítségével.

MOGYORÓS KÁVÉMÁZ:

i) Egy hőálló tálban olvasszuk fel az étcsokoládét és a vajat dupla bojler fölött.
j) Lehúzzuk a tűzről, hozzáadjuk a porcukrot, és fokozatosan simára keverjük a főzött erős mogyorós kávét vagy eszpresszót.
k) Minden éclair tetejét mártsuk a mogyorós kávémázba, így biztosítva az egyenletes fedést. Hagyja, hogy a felesleg lecsepegjen.
l) Tedd egy tálcára a mázas éclaireket, és hagyd hűlni, amíg a csokoládé megdermed.
m) Tálalja lehűtve, és élvezze a mogyoró és a kávé ízek gazdag kombinációját a Hazelnut Coffee Éclairs-ben!

SAJTÓS ECLAIRS

85. Áfonya sajttorta Éclair

ÖSSZETEVŐK:

A CHOUX PASTRY-HOZ:
- 1 csésze víz
- 1/2 csésze sótlan vaj
- 1 csésze univerzális liszt
- 4 nagy tojás

A sajttorta töltelékéhez:
- 2 csésze krémsajt, lágyítva
- 1 csésze porcukor
- 1 teáskanál vanília kivonat
- 1 csésze áfonya kompót (házi vagy bolti)

AZ ÁFONYA MÁZHOZ:
- 1 csésze friss áfonya
- 1/4 csésze kristálycukor
- 1 evőkanál citromlé

UTASÍTÁS:

CHOUX PÜTEMÉNY:

a) Melegítsd elő a sütőt 190°C-ra, és bélelj ki egy tepsit sütőpapírral.
b) Egy serpenyőben keverjük össze a vizet és a vajat. Közepes lángon addig melegítjük, amíg a vaj elolvad, és a keverék fel nem forr.
c) Levesszük a tűzről, hozzáadjuk a lisztet, és erőteljesen keverjük, amíg golyót nem kapunk.
d) A tésztát hagyjuk hűlni néhány percig, majd egyenként adjuk hozzá a tojásokat, minden hozzáadás után jól felverjük.
e) Tegye át a tésztát egy zsákba, és pipálja éclair formákat az előkészített tepsire.
f) Süssük körülbelül 30 percig, vagy amíg aranybarna nem lesz. Hagyjuk kihűlni.

SAJTTORTA TÉTEL:

g) Egy keverőtálban verjük simára a megpuhult krémsajtot.
h) Hozzáadjuk a porcukrot és a vaníliakivonatot, és tovább verjük, amíg jól össze nem áll.
i) Tölts meg egy zsákot a sajttorta töltelékkel.

j) Miután az éclaire kihűlt, készítsen egy kis bemetszést mindegyik éclair egyik oldalára, és kösse be a sajttorta tölteléket a közepébe.
k) A sajttorta töltelékre kanalazzuk az áfonyabefőttet.

áfonya-máz:
l) Egy serpenyőben keverje össze a friss áfonyát, a kristálycukrot és a citromlevet.
m) Közepes lángon addig főzzük, amíg az áfonya szétreped, és a keverék máz lesz.
n) Szűrjük le a mázat, hogy eltávolítsuk a magokat és a héjat.
o) Az áfonyás mázat hagyjuk kissé kihűlni.
p) Az áfonyás mázat kanalazzuk a töltött éclaire-re.
q) Tegye a mázas éclaireket a hűtőbe, hogy a máz megdermedjen.
r) Tálalja lehűtve, és élvezze az áfonya és a sajttorta ízletes kombinációját a Blueberry Cheesecake Éclairben!

86.Gouda mázas Eclairs

ÖSSZETEVŐK:

- 1 csésze víz
- 1/2 csésze sótlan vaj
- 1 csésze univerzális liszt
- 4 nagy tojás
- 1/2 teáskanál só
- 1 csésze reszelt Gouda sajt

A TÖLTETÉSHEZ:

- 2 csésze krémsajt
- 1/2 csésze porcukor
- 1 teáskanál vanília kivonat

A MÁZHOZ:

- 1 csésze Gouda sajt, reszelve
- 1/2 csésze nehéz tejszín
- 1 csésze porcukor
- 1 teáskanál vanília kivonat

UTASÍTÁS:
ECLAIR sütemény:
a) Melegítsd elő a sütőt 200°C-ra (400°F). Egy tepsit kibélelünk sütőpapírral.
b) Egy közepes lábosban keverje össze a vizet, a vajat és a sót. Közepes lángon felforraljuk.
c) Egyszerre adjuk hozzá a lisztet, és erőteljesen keverjük, amíg golyót nem kapunk. Vegyük le a tűzről, és hagyjuk hűlni pár percig.
d) Egyenként verjük bele a tojásokat, amíg a tészta sima nem lesz.
e) Keverje hozzá a reszelt Gouda sajtot, amíg jól össze nem áll.
f) Tegye át a tésztát egy nagy, kerek hegyű cukrászzsákba. Csőveljen 4 hüvelykes csíkokat az előkészített tepsire.
g) Süssük 15-20 percig, vagy amíg aranybarna és felfújódik. Hagyja teljesen kihűlni az ekléreket.

TÖLTŐ:
h) Egy keverőtálban keverjük simára a krémsajtot, a porcukrot és a vaníliakivonatot.
i) Ha kihűltek az eklérek, vízszintesen kettévágjuk, és az alsó felébe csípjük vagy kanalazzuk a krémsajtos tölteléket.

ZOMÁNC:

j) Egy kis serpenyőben keverje össze a Gouda sajtot, a tejszínt, a porcukrot és a vaníliakivonatot alacsony lángon.
k) Addig keverjük, amíg a sajt elolvad, és a máz sima lesz. Vegyük le a tűzről.
l) A megtöltött eklérekre kenjük a mázat.
m) Tálald és élvezd!
n) A Gouda Glazed Eclairs készen áll a fogyasztásra. Tálaljuk lehűtve, és ízleljük meg a krémes töltelék és a sajtos máz elragadó kombinációját.

87. Raspberry Swirl Cheesecake Eclairs

ÖSSZETEVŐK:
A CHOUX PASTRY-HOZ:
- 1 csésze víz
- 1/2 csésze sótlan vaj
- 1 csésze univerzális liszt
- 4 nagy tojás
- 1/2 teáskanál só

A sajttorta töltelékéhez:
- 2 csésze krémsajt, lágyítva
- 1/2 csésze kristálycukor
- 1 teáskanál vanília kivonat

A MÁLNA FORGÁRHOZ:
- 1 csésze friss vagy fagyasztott málna
- 1/4 csésze kristálycukor
- 1 evőkanál vizet

A MÁZHOZ:
- 1 csésze porcukor
- 2 evőkanál tej
- 1/2 teáskanál vanília kivonat

UTASÍTÁS:
CHOUX PÜTEMÉNY:
a) Melegítsd elő a sütőt 200°C-ra (400°F). Egy tepsit kibélelünk sütőpapírral.
b) Egy közepes lábosban forraljuk fel közepes lángon a vizet és a vajat.
c) Addig adjuk hozzá a lisztet és a sót, közben folyamatosan keverjük, amíg golyót nem kapunk.
d) Vegyük le a tűzről, és hagyjuk hűlni pár percig.
e) Egyenként verjük bele a tojásokat, amíg sima nem lesz a tészta.
f) Tegye át a tésztát egy nagy, kerek hegyű cukrászzsákba. Csőveljen 4 hüvelykes csíkokat az előkészített tepsire.
g) Süssük 15-20 percig, vagy amíg aranybarna és felfújódik. Hagyja teljesen kihűlni az ekléreket.

SAJTTORTA TÉTEL:
h) Egy keverőtálban keverjük simára a krémsajtot, a cukrot és a vaníliakivonatot.

i) Ha kihűltek az eklérek, vízszintesen kettévágjuk, és az alsó felébe pipázzuk vagy kanalazzuk a sajttorta tölteléket.

MÁLNA FORGÓ:

j) Egy kis serpenyőben keverjük össze a málnát, a cukrot és a vizet. Közepes lángon addig főzzük, amíg a málna össze nem esik és a keverék besűrűsödik.

k) Szűrjük le a málnakeveréket, hogy eltávolítsuk a magokat, így sima málnaszószt kapunk.

ÖSSZESZERELÉS:

l) A málnaszószt rákanalazzuk a sajttorta töltelékre minden eclairben.

m) Helyezze vissza az eklér felső felét.

ZOMÁNC:

n) Egy kis tálban habosra keverjük a porcukrot, a tejet és a vaníliakivonatot.

o) Az összeállított eklérekre kenjük a mázat.

p) Lehűtjük és tálaljuk:

q) Tálalás előtt legalább egy órára hűtőbe tesszük a Raspberry Swirl Cheesecake Eclairs-t. Élvezze a krémes sajttorta, a fanyar málnás örvény és a könnyű choux tészta elragadó kombinációját!

88.Csokoládé márvány sajttorta Eclairs

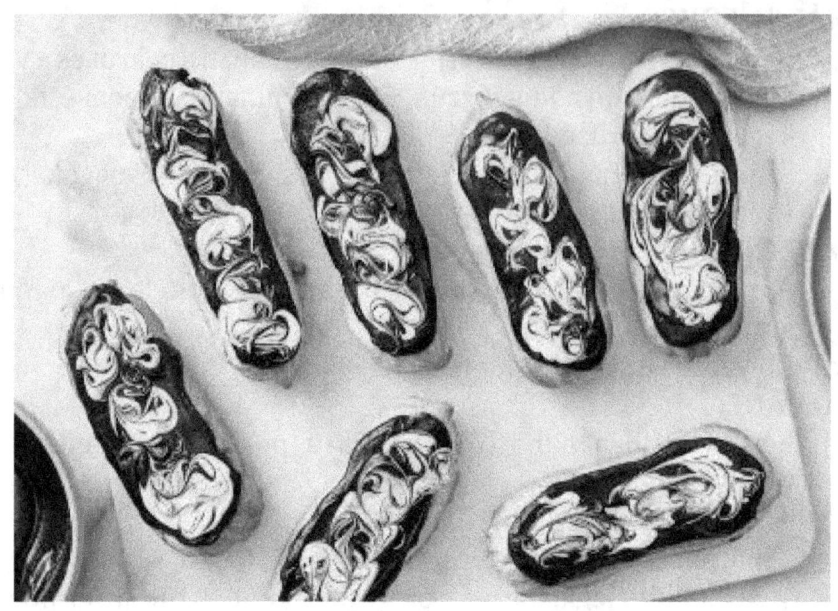

ÖSSZETEVŐK:

A CHOUX PASTRY-HOZ:
- 1 csésze víz
- 1/2 csésze sótlan vaj
- 1 csésze univerzális liszt
- 4 nagy tojás
- 1/2 teáskanál só

A sajttorta töltelékéhez:
- 2 csésze krémsajt, lágyítva
- 1/2 csésze kristálycukor
- 1 teáskanál vanília kivonat

A CSOKOLÁDÉMÁRVÁNY FORGÓHOZ:
- 1/2 csésze félédes csokoládé chips
- 2 evőkanál sótlan vaj

A CSOKOLÁDÉMÁZHOZ:
- 1/2 csésze félédes csokoládé chips
- 1/4 csésze nehéz tejszín
- 2 evőkanál porcukor

UTASÍTÁS:

CHOUX PÜTEMÉNY:
a) Melegítsd elő a sütőt 200°C-ra (400°F). Egy tepsit kibélelünk sütőpapírral.
b) Egy közepes lábosban forraljuk fel közepes lángon a vizet és a vajat.
c) Addig adjuk hozzá a lisztet és a sót, közben folyamatosan keverjük, amíg golyót nem kapunk.
d) Vegyük le a tűzről, és hagyjuk hűlni pár percig.
e) Egyenként verjük bele a tojásokat, amíg sima nem lesz a tészta.
f) Tegye át a tésztát egy nagy, kerek hegyű cukrászzsákba. Csőveljen 4 hüvelykes csíkokat az előkészített tepsire.
g) Süssük 15-20 percig, vagy amíg aranybarna és felfújódik. Hagyja teljesen kihűlni az ekléreket.

SAJTTORTA TÉTEL:
h) Egy keverőtálban keverjük simára a krémsajtot, a cukrot és a vaníliakivonatot.

i) Ha kihűltek az eklérek, vízszintesen kettévágjuk, és az alsó felébe pipázzuk vagy kanalazzuk a sajttorta tölteléket.

CSOKOLÁDÉMÁRVÁNY FORGÓ:

j) Olvasszuk fel a csokireszeléket és a vajat egy hőálló tálban, forrásban lévő víz felett vagy a mikrohullámú sütőben.

k) Az olvasztott csokoládékeveréket minden eclairben a sajttorta töltelékére csorgatjuk. Fogpiszkáló segítségével hozzon létre egy márvány örvénymintát.

CSOKOLÁDEMÁZ:

l) Egy kis serpenyőben csokireszeléket, sűrű tejszínt és porcukrot hevítünk alacsony lángon, kevergetve simára.

m) Az összeállított eklérekre kenjük a csokimázat.

n) Lehűtjük és tálaljuk:

o) Tálalás előtt legalább egy órára hűtőbe tesszük a csokoládé márvány sajttorta Eclairs-t. Élvezze a krémes sajttorta, a csokoládémárvány örvény és a könnyű choux tészta finom kombinációját!

89.Sós karamell sajttorta Eclair

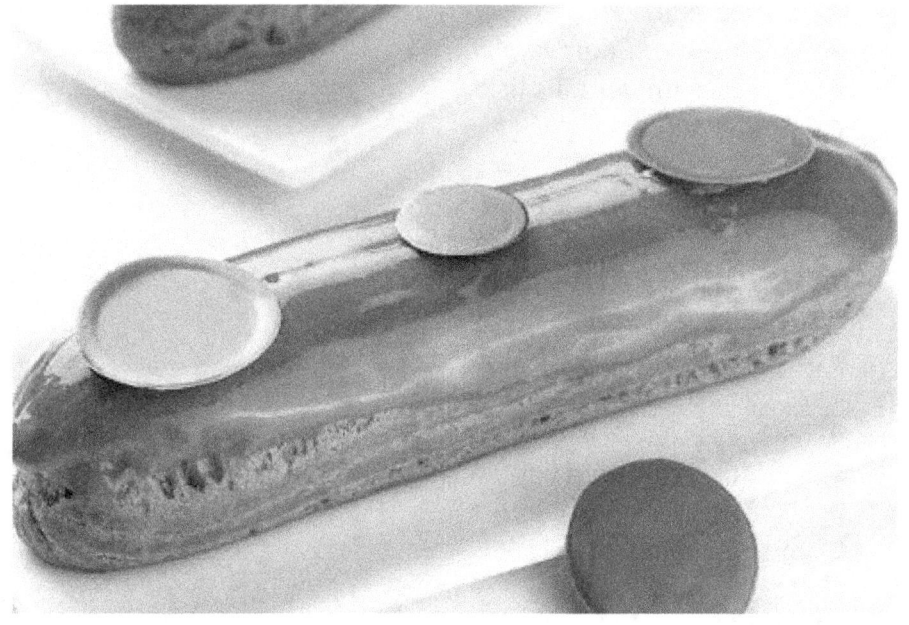

ÖSSZETEVŐK:

A CHOUX PASTRY-HOZ:
- 1 csésze víz
- 1/2 csésze sótlan vaj
- 1 csésze univerzális liszt
- 4 nagy tojás
- 1/2 teáskanál só

A sajttorta töltelékéhez:
- 2 csésze krémsajt, lágyítva
- 1/2 csésze kristálycukor
- 1 teáskanál vanília kivonat

A SÓS KARAMELLÁZSHOZ:
- 1 csésze kristálycukor
- 1/4 csésze víz
- 1/2 csésze sótlan vaj
- 1/2 csésze nehéz tejszín
- 1 teáskanál tengeri só

UTASÍTÁS:

CHOUX PÜTEMÉNY:
a) Melegítsd elő a sütőt 200°C-ra (400°F). Egy tepsit kibélelünk sütőpapírral.
b) Egy közepes lábosban forraljuk fel közepes lángon a vizet és a vajat.
c) Addig adjuk hozzá a lisztet és a sót, közben folyamatosan keverjük, amíg golyót nem kapunk.
d) Vegyük le a tűzről, és hagyjuk hűlni pár percig.
e) Egyenként verjük bele a tojásokat, amíg sima nem lesz a tészta.
f) Tegye át a tésztát egy nagy, kerek hegyű cukrászzsákba. Csőveljen 4 hüvelykes csíkokat az előkészített tepsire.
g) Süssük 15-20 percig, vagy amíg aranybarna és felfújódik. Hagyja teljesen kihűlni az ekléreket.

SAJTTORTA TÉTEL:
h) Egy keverőtálban keverjük simára a krémsajtot, a cukrot és a vaníliakivonatot.
i) Ha kihűltek az eklérek, vízszintesen kettévágjuk, és az alsó felébe pipázzuk vagy kanalazzuk a sajttorta töltelékét.

SÓS KARAMELLÉSZ:
j) Egy serpenyőben közepes lángon keverjük össze a cukrot és a vizet. Addig keverjük, amíg a cukor fel nem oldódik.
k) Hagyja felforrni a keveréket, időnként megforgatva, amíg borostyánsárga színű nem lesz.
l) Adjuk hozzá a vajat és keverjük, amíg el nem olvad. Folyamatos keverés mellett lassan öntsük hozzá a kemény tejszínt.
m) Vegyük le a tűzről, és keverjük hozzá a tengeri sót. Hagyjuk kicsit hűlni a karamellszószt.

ÖSSZESZERELÉS:
n) Minden eclairben csorgassuk a sós karamellszószt a sajttorta töltelékére.
o) Helyezze vissza az eklér felső felét.
p) Tálalás előtt legalább egy órára tegyük hűtőbe a sózott karamell sajttorta Eclairs-t. Élvezze a krémes sajttorta, a gazdag sós karamell és a könnyű choux tészta mennyei kombinációját!

90.Pisztácia praliné sajttorta Eclairs

ÖSSZETEVŐK:
A CHOUX PASTRY-HOZ:
- 1 csésze víz
- 1/2 csésze sótlan vaj
- 1 csésze univerzális liszt
- 4 nagy tojás
- 1/2 teáskanál só

A sajttorta töltelékéhez:
- 2 csésze krémsajt, lágyítva
- 1/2 csésze kristálycukor
- 1 teáskanál vanília kivonat

A PISZTÁCIÁS PRALINÉHEZ:
- 1/2 csésze héjas pisztácia, apróra vágva
- 1/2 csésze kristálycukor
- 2 evőkanál vizet

A MÁZHOZ:
- 1/2 csésze porcukor
- 2 evőkanál tej
- 1/4 csésze apróra vágott pisztácia (díszítéshez)

UTASÍTÁS:
CHOUX PÜTEMÉNY:
a) Melegítsd elő a sütőt 200°C-ra (400°F). Egy tepsit kibélelünk sütőpapírral.
b) Egy közepes lábosban forraljuk fel közepes lángon a vizet és a vajat.
c) Addig adjuk hozzá a lisztet és a sót, közben folyamatosan keverjük, amíg golyót nem kapunk.
d) Vegyük le a tűzről, és hagyjuk hűlni pár percig.
e) Egyenként verjük bele a tojásokat, amíg sima nem lesz a tészta.
f) Tegye át a tésztát egy nagy, kerek hegyű cukrászzsákba. Csőveljen 4 hüvelykes csíkokat az előkészített tepsire.
g) Süssük 15-20 percig, vagy amíg aranybarna és felfújódik. Hagyja teljesen kihűlni az ekléreket.

SAJTTORTA TÉTEL:
h) Egy keverőtálban keverjük simára a krémsajtot, a cukrot és a vaníliakivonatot.

i) Ha kihűltek az eklérek, vízszintesen kettévágjuk, és az alsó felébe pipázzuk vagy kanalazzuk a sajttorta tölteléket.

PISTÁCIA PRALIN:

j) Egy serpenyőben közepes lángon keverjük össze a cukrot és a vizet. Addig keverjük, amíg a cukor fel nem oldódik.

k) Hagyja felforrni a keveréket, időnként megforgatva, amíg aranybarna nem lesz.

l) Keverje hozzá a finomra vágott pisztáciát, majd azonnal öntse a pisztácia pralinét sütőpapírral bélelt felületre, hogy kihűljön és megkeményedjen.

m) Ha kihűlt, a pralinét apró darabokra törjük.

ÖSSZESZERELÉS:

n) Szórja meg a pisztácia praliné darabokat minden eclair sajttorta töltelékére.

o) Helyezze vissza az eklér felső felét.

ZOMÁNC:

p) Egy kis tálban habosra keverjük a porcukrot és a tejet.

q) Az összeállított eklérekre kenjük a mázat.

DÍSZÍT:

r) Szórj a tetejére apróra vágott pisztáciát, hogy extra pisztáciát ropogtasson.

s) Tálalás előtt legalább egy órára hűtőbe tesszük a pisztácia-praliné sajttorta Eclairs-t. Élvezze a krémes sajttorta, a pisztácia praliné és a könnyű choux tészta elragadó kombinációját!

91.Kókuszos krémsajttorta Eclairs

ÖSSZETEVŐK:
A CHOUX PASTRY-HOZ:
- 1 csésze víz
- 1/2 csésze sótlan vaj
- 1 csésze univerzális liszt
- 4 nagy tojás
- 1/2 teáskanál só

A sajttorta töltelékéhez:
- 2 csésze krémsajt, lágyítva
- 1/2 csésze kristálycukor
- 1 teáskanál vanília kivonat

A KÓKUSZKRÉM TÖLTETÉSÉHEZ:
- 1 csésze kókuszkrém
- 1/4 csésze porcukor
- 1/2 teáskanál kókuszdió kivonat

A KÓKUSZ FELTÉTÉHEZ:
- 1 csésze kókuszreszelék, pirítva

UTASÍTÁS:
CHOUX PÜTEMÉNY:
a) Melegítsd elő a sütőt 200°C-ra (400°F). Egy tepsit kibélelünk sütőpapírral.
b) Egy közepes lábosban forraljuk fel közepes lángon a vizet és a vajat.
c) Addig adjuk hozzá a lisztet és a sót, közben folyamatosan keverjük, amíg golyót nem kapunk.
d) Vegyük le a tűzről, és hagyjuk hűlni pár percig.
e) Egyenként verjük bele a tojásokat, amíg sima nem lesz a tészta.
f) Tegye át a tésztát egy nagy, kerek hegyű cukrászzsákba. Csőveljen 4 hüvelykes csíkokat az előkészített tepsire.
g) Süssük 15-20 percig, vagy amíg aranybarna és felfújódik. Hagyja teljesen kihűlni az ekléreket.

SAJTTORTA TÉTEL:
h) Egy keverőtálban keverjük simára a krémsajtot, a cukrot és a vaníliakivonatot.
i) Ha kihűltek az eklérek, vízszintesen kettévágjuk, és az alsó felébe pipázzuk vagy kanalazzuk a sajttorta töltelékét.

KÓKUSZ KRÉM TÖLTETÉS:
j) Egy külön tálban verjük fel a kókusztejszínt, a porcukrot és a kókuszkivonatot, amíg lágy csúcsok nem lesznek.
k) A kókuszkrémes keveréket óvatosan beleforgatjuk a sajttorta töltelékbe.

ÖSSZESZERELÉS:
l) Pipázzuk vagy kanalazzuk a kókuszos sajttorta tölteléket az eklér alsó felébe.
m) Helyezze vissza az eklér felső felét.

KÓKUSZ FELTÉT:
n) A kókuszreszeléket száraz serpenyőben közepes lángon aranybarnára pirítjuk.
o) Szórja meg a pirított kókuszreszeléket a töltött eklérekre, hogy kellemes kókuszreszeléket kapjon.
p) Tálalás előtt legalább egy órára hűtőbe tesszük a kókuszkrémes sajttorta Eclairs-t. Élvezze a kókusz trópusi ízeit a krémes sajttortával és a könnyű choux tésztával kombinálva!

92.Eper-túrótorta Eclairs

ÖSSZETEVŐK:

A CHOUX PASTRY-HOZ:
- 1 csésze víz
- 1/2 csésze sótlan vaj
- 1 csésze univerzális liszt
- 4 nagy tojás
- 1/2 teáskanál só

A sajttorta töltelékéhez:
- 2 csésze krémsajt, lágyítva
- 1/2 csésze kristálycukor
- 1 teáskanál vanília kivonat

AZ EPER TÖLTETÉSÉHEZ:
- 1 csésze friss eper meghámozva és apróra vágva
- 2 evőkanál kristálycukor

AZ EPER MÁZHOZ:
- 1 csésze friss eper, hámozott és pürésítve
- 1/4 csésze porcukor

UTASÍTÁS:

CHOUX PÜTEMÉNY:
a) Melegítsd elő a sütőt 200°C-ra (400°F). Egy tepsit kibélelünk sütőpapírral.
b) Egy közepes lábosban forraljuk fel közepes lángon a vizet és a vajat.
c) Addig adjuk hozzá a lisztet és a sót, közben folyamatosan keverjük, amíg golyót nem kapunk.
d) Vegyük le a tűzről, és hagyjuk hűlni pár percig.
e) Egyenként verjük bele a tojásokat, amíg sima nem lesz a tészta.
f) Tegye át a tésztát egy nagy, kerek hegyű cukrászzsákba. Csőveljen 4 hüvelykes csíkokat az előkészített tepsire.
g) Süssük 15-20 percig, vagy amíg aranybarna és felfújódik. Hagyja teljesen kihűlni az ekléreket.

SAJTTORTA TÉTEL:
h) Egy keverőtálban keverjük simára a krémsajtot, a cukrot és a vaníliakivonatot.
i) Ha kihűltek az eklérek, vízszintesen kettévágjuk, és az alsó felébe pipázzuk vagy kanalazzuk a sajttorta töltéléket.

Epres töltelék:
j) Egy külön tálban keverjük össze az apróra vágott epret és a kristálycukrot.
k) Hagyja őket macerálni körülbelül 15 percig.

ÖSSZESZERELÉS:
l) A macerált eperkeveréket kanalazzuk a sajttorta töltelékre minden eclairben.
m) Helyezze vissza az eklér felső felét.

EPER MÁZ:
n) A friss epret pürésítjük, és porcukorral keverjük össze, hogy sima mázat kapjunk.
o) Az összeállított ekléreket megkenjük az epermázzal.
p) Tálalás előtt legalább egy órára tegyük hűtőbe az epres sajttorta Eclairs-t. Élvezze a krémes sajttorta, az édes eper és a könnyű choux tészta zamatos kombinációját!

93.Citromos sajttorta Eclairs

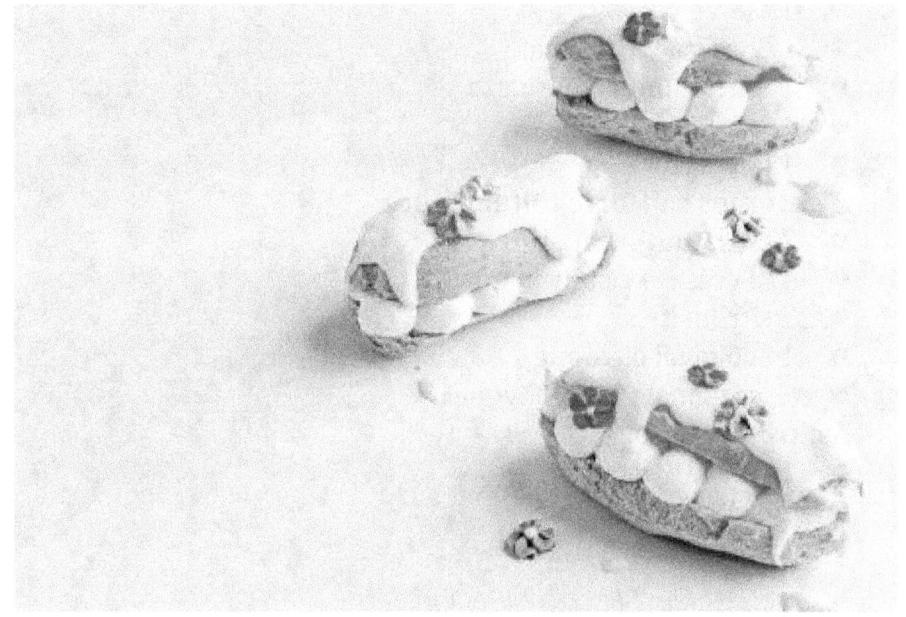

ÖSSZETEVŐK:
A CHOUX PASTRY-HOZ:
- 1 csésze víz
- 1/2 csésze sótlan vaj
- 1 csésze univerzális liszt
- 4 nagy tojás
- 1/2 teáskanál só

A citromos sajttorta töltelékéhez:
- 2 csésze krémsajt, lágyítva
- 1/2 csésze kristálycukor
- 2 citrom héja
- 1 evőkanál citromlé
- 1 teáskanál vanília kivonat

A citrommázhoz:
- 1 csésze porcukor
- 2 evőkanál citromlé
- 1 citrom héja

UTASÍTÁS:
CHOUX PÜTEMÉNY:
a) Melegítsd elő a sütőt 200°C-ra (400°F). Egy tepsit kibélelünk sütőpapírral.
b) Egy közepes lábosban forraljuk fel közepes lángon a vizet és a vajat.
c) Addig adjuk hozzá a lisztet és a sót, közben folyamatosan keverjük, amíg golyót nem kapunk.
d) Vegyük le a tűzről, és hagyjuk hűlni pár percig.
e) Egyenként verjük bele a tojásokat, amíg sima nem lesz a tészta.
f) Tegye át a tésztát egy nagy, kerek hegyű cukrászzsákba. Csőveljen 4 hüvelykes csíkokat az előkészített tepsire.
g) Süssük 15-20 percig, vagy amíg aranybarna és felfújódik. Hagyja teljesen kihűlni az ekléreket.

CITROMOS sajttorta töltelék:
h) Egy keverőtálban keverjük simára a krémsajtot, a cukrot, a citromhéjat, a citromlevet és a vaníliakivonatot.
i) Ha kihűltek az eklerek, vízszintesen kettévágjuk, az alsó felébe pedig a citromos sajttorta töltelékét pipázzuk vagy kanalazzuk.

CITROMOS MÁZ:
j) Egy kis tálban habosra keverjük a porcukrot, a citromlevet és a citromhéjat.
k) Az összeállított eklérekre kenjük a citrommázat.
l) Tálalás előtt legalább egy órára tegyük hűtőbe a citromos sajttorta Eclairs-t. Élvezze a krémes citromos sajttorta és a könnyű choux tészta frissítő kombinációját!

ECLAIR INSPIRÁLT RECEPTEK

94. Banán eclair croissant

ÖSSZETEVŐK:

- 4 Fagyasztott croissant
- 2 négyzet félédes csokoládé
- 1 evőkanál vaj
- ¼ csésze szitált cukrászcukor
- 1 teáskanál forró víz; 2-ig
- 1 csésze vanília puding
- 2 közepes banán; szeletelt

UTASÍTÁS:

a) A fagyasztott croissant-t hosszában félbevágjuk; együtt távozni. Melegítse fel a fagyasztott croissant-t zsír nélküli sütőlapon, előmelegített 325 °F-on. sütő 9-11 perc.

b) A csokoládét és a vajat összeolvasztjuk. Keverjük hozzá a cukrot és a vizet, hogy kenhető mázt kapjunk.

c) Kenjen meg ¼ csésze pudingot minden croissant alsó felére. A tetejére szeletelt banánt teszünk.

d) Cserélje ki a croissant tetejét; csokimázra csorgatjuk.

e) Szolgál.

95.Krémfelfújások és Éclairs Ring Cake

ÖSSZETEVŐK:
- 1 csésze langyos víz
- 4 evőkanál (½ rúd) sótlan vaj, darabokra vágva
- 1 csésze fehérítetlen univerzális liszt vagy gluténmentes liszt
- 4 nagy tojás, szobahőmérsékleten
- Sós vaníliás fagyasztott puding vagy sós kecsketejes csokoládé fagyasztott puding
- Csokimáz (használjon 4 evőkanál teljes tejet)

UTASÍTÁS:
a) Melegítsük elő a sütőt 400°F-ra.
b) Keverje össze a vizet és a vajat egy közepesen nehéz serpenyőben, forralja fel, kevergetve, hogy a vaj felolvadjon. Beleöntjük az összes lisztet, és addig keverjük, amíg golyót nem kapunk.
c) Levesszük a tűzről, és egyenként elektromos habverővel beleütjük a tojásokat.

KRÉMPEFEKTETÉSEKHEZ
d) Egy kizsírozott sütilapra kanalazzon hat darab 4 hüvelykes tésztadombot (kisebb felfújáshoz készítsen tizenkét 2 hüvelykes kupacot). Süssük aranybarnára, körülbelül 45 percig. Kivesszük a sütőből és hagyjuk kihűlni.

ÉCLAIRS SZÁMÁRA
e) Helyezzen be egy ¼ hüvelykes, sima hegyű cukrászzacskót, majd csepegtessen hat-tizenkét 4 hüvelykes csíkot egy zsírtalan sütilapra. Süssük aranybarnára, körülbelül 45 percig. Kivesszük a sütőből és hagyjuk kihűlni.

GYŰRŰ TORTÁHOZ
f) Csepegtess még kanálnyi tésztát egy kiolajozott sütilapra, hogy 12 hüvelykes ovális formát kapj. Süssük aranybarnára, 45-50 perc alatt. Kivesszük a sütőből és hagyjuk kihűlni.

ÖSSZEGYŰLNI
g) Készítsük elő a mázat. Vágja félbe a felfújt krémet, éclairt vagy gyűrűs tortát. Töltsük meg a fagylalttal, és tegyük vissza a tetejét.
h) Krémfelfújáshoz mártsa a csokoládéba minden felfújt tetejét. Az éclairs esetében bőségesen kanalazzuk rájuk a mázat. A gyűrűs süteményhez keverj a mázhoz további 5 evőkanál tejet; csorgassuk rá a gyűrűs tortára.
i) Tálaláskor a péksüteményeket vagy a tortaszeleteket tányérokra rendezzük.

96.Csokoládé mandula Croissant Éclairs

ÖSSZETEVŐK:
A PÂTE À CHOUX SZÁMÁRA:
- 1/2 csésze víz
- 1/2 csésze teljes tej
- 1/2 csésze sótlan vaj, kockára vágva
- 1/2 teáskanál só
- 1 teáskanál cukor
- 1 csésze univerzális liszt
- 4 nagy tojás, szobahőmérsékletű

A csokoládé mandula töltelékhez :
- 1 csésze nehéz tejszín
- 1 csésze félédes csokireszelék
- 1/2 csésze mandulavaj

A CSOKOLÁDÉMÁZHOZ:
- 1/2 csésze félédes csokoládé chips
- 2 evőkanál sótlan vaj
- 1 evőkanál kukoricaszirup

UTASÍTÁS
a) Melegítse elő a sütőt 375 °F-ra. Egy tepsit kibélelünk sütőpapírral.
b) Egy közepes lábosban keverjük össze a vizet, a tejet, a vajat, a sót és a cukrot. Közepes lángon addig melegítjük, amíg a vaj el nem olvad, és a keverék felforrósodik.
c) Egyszerre adjuk hozzá a lisztet, és egy fakanállal erőteljesen keverjük addig, amíg a keverék golyót nem kap, és elválik az edény falától.
d) Vegyük le a serpenyőt a tűzről, és hagyjuk hűlni 5 percig.
e) Egyenként adjuk hozzá a tojásokat, minden hozzáadás után alaposan verjük fel, amíg a keverék sima és fényes nem lesz.
f) Helyezzen be egy nagy kerek hegyű cukrászzacskót, és töltse meg a choux tésztával.
g) Helyezze a tésztát az előkészített tepsire, 6 hüvelyk hosszú eclaireket formázva.
h) Süssük 25-30 percig, vagy amíg aranybarna és puffadt nem lesz.
i) A sütőből kivéve hagyjuk teljesen kihűlni.

j) Egy közepes serpenyőben forraljuk fel a kemény tejszínt, amíg csak forr.
k) Levesszük a tűzről, és hozzáadjuk a csokireszeléket és a mandulavajat. Addig keverjük, amíg a csokoládé el nem olvad és a keverék sima lesz.
l) Vágjon egy kis rést minden éclair aljába, és kösse be a tölteléket a közepébe.
m) Egy kis serpenyőben olvasszuk fel a csokireszeléket, a vajat és a kukoricaszirupot alacsony lángon, folyamatos keverés mellett, amíg simára nem megy.
n) Minden éclair tetejét mártsuk a csokimázba, és tegyük rácsra dermedni.
o) Opcionális: megszórjuk szeletelt mandulával.

97.Csokoládé Éclair bárok

ÖSSZETEVŐK:
AZ ÉCLAIRS SZÁMÁRA:
- 15-20 vegán Graham keksz, osztva
- 3½ csésze mandulatej vagy más növényi tej
- 2 (3,4 uncia) csomag instant vegán vanília pudingkeverék
- 3 csésze kókuszos tejszínhab vagy bolti

A FELTÉTHEZ:
- ¼ csésze tejmentes csokoládé chips
- 2 evőkanál vegán vaj, szobahőmérsékleten
- 1½ csésze porcukor
- 3 evőkanál mandulatej vagy más növényi tej
- 1 teáskanál világos kukoricaszirup
- 1 teáskanál vanília kivonat

UTASÍTÁS:
AZ ÉCLAIRS ELKÉSZÍTÉSE:
a) Egy 9 x 13 hüvelykes tepsibe rétegezzük a keksz felét, ha szükséges, törjük ketté, hogy elférjen.
b) Egy nagy tálban keverjük össze a tejet és az instant pudingot. Habverővel 2 percig. Hagyja állni 2-3 percig. Óvatosan hozzáforgatjuk a tejszínhabot, ügyelve, hogy ne eresszen ki, és egyenletesen eloszlatjuk a kekszrétegen. A tetejére tesszük a maradék kekszet és hűtőbe tesszük.

ELKÉSZÍTÉSE A FELTÉT:
c) Egy hőálló üvegtálban, amelyet 2-3 centiméternyi forrásban lévő vízzel töltött edény fölé állítunk, melegítsük fel a csokoládédarabkákat és a vajat, gyakran kevergetve, amíg elolvad.
d) Hozzákeverjük a cukrot, a tejet, a kukoricaszirupot és a vaníliát.
e) Rákenjük a kekszrétegre, letakarjuk, és legalább 8 órára hűtőbe tesszük.
f) Tálaláskor négyzetekre vágjuk.

98.Csokoládé Eclair torta

ÖSSZETEVŐK:
- 1 doboz vagy egész Graham keksz
- 2 kis doboz francia vaníliás instant puding
- 3 csésze tej
- 1 8 oz. konténer Cool Whip
- 1 doboz tejcsokoládé cukormáz

UTASÍTÁS:
A KEVERÉK:
a) Keverje össze a pudingot, a tejet és a Cool Whip-et. Addig keverjük, amíg besűrűsödik.

A RÉTEGEK:
b) Egy 9x13-as serpenyő alján készíts egy réteg Graham kekszet.
c) A pudingkeverék felét a keksz tetejére öntjük.
d) Helyezzen még egy réteg Graham kekszet a keverék tetejére.
e) Öntse a keverék maradék felét a Graham kekszet tetejére.
f) Adjon hozzá egy utolsó réteg Graham kekszet a keverék tetejére.

A FAGY:
g) Az egész felületet megkenjük tejcsokoládé-mázzal.

A NAGY HILL:
h) Hűtsük le egy éjszakán át, hogy az ízek összeérjenek, és a desszert megdermedjen.
i) Élvezd!

99.Pisztácia rózsa Éclair torta

ÖSSZETEVŐK:
A CHOUX PASTRY-HOZ:
- 1 csésze víz
- 1/2 csésze sótlan vaj
- 1 csésze univerzális liszt
- 4 nagy tojás

A TÖLTETÉSHEZ:
- 2 csésze pisztácia rózsa ízű tésztakrém

A MÁZHOZ:
- 1/2 csésze fehér csokoládé, apróra vágva
- 1/4 csésze sótlan vaj
- Néhány csepp rózsavíz vagy rózsa kivonat
- Darált pisztácia (díszítéshez)

UTASÍTÁS:
CHOUX PÜTEMÉNY:
a) Melegítsd elő a sütőt 190°C-ra, és bélelj ki egy tepsit sütőpapírral.
b) Egy serpenyőben keverjük össze a vizet és a vajat. Közepes lángon addig melegítjük, amíg a vaj elolvad, és a keverék fel nem forr.
c) Levesszük a tűzről, hozzáadjuk a lisztet, és erőteljesen keverjük, amíg golyót nem kapunk.
d) A tésztát hagyjuk hűlni néhány percig, majd egyenként adjuk hozzá a tojásokat, minden hozzáadás után jól felverjük.
e) Tegye át a tésztát egy zsákba, és pipálja éclair formákat az előkészített tepsire.
f) Süssük körülbelül 30 percig, vagy amíg aranybarna nem lesz. Hagyjuk kihűlni.

TÖLTŐ:
g) Készítsünk pisztácia rózsa ízű tésztakrémet. Kombinálja az őrölt pisztáciát és egy csipetnyi rózsavizet vagy rózsakivonatot egy klasszikus cukrászkrém receptben, vagy használjon előre elkészített pisztácia rózsa ízű tésztakrémet.
h) Töltsük meg az éclaireket a pisztácia rózsa ízű tésztakrémmel egy zsák vagy egy kis kanál segítségével.

ZOMÁNC:

i) Egy hőálló tálban olvasszuk fel a fehér csokoládét és a vajat dupla kazán felett.
j) Vegyük le a tűzről, adjunk hozzá néhány csepp rózsavizet vagy rózsakivonatot, és keverjük simára.
k) Minden éclair tetejét mártsuk a fehér csokimázba, így biztosítva az egyenletes fedést. Hagyja, hogy a felesleg lecsepegjen.
l) Díszítésnek zúzott pisztáciát szórunk a mázas éclaire-re.
m) Tegye a mázas éclaireket a hűtőbe, hogy a máz megdermedjen.
n) Tálalja lehűtve, és élvezze a pisztácia és a rózsa ízének egyedülálló kombinációját a Pistachio Rose Éclair tortában!

100. Maple Bacon Éclair Bites

ÖSSZETEVŐK:
A CHOUX PASTRY-HOZ:
- 1 csésze víz
- 1/2 csésze sótlan vaj
- 1 csésze univerzális liszt
- 4 nagy tojás

A TÖLTETÉSHEZ:
- 2 csésze juhar ízű tésztakrém
- (Keverd össze a juharszirupot vagy a juharkivonatot egy klasszikus tésztakrém receptben, vagy használj előre elkészített juharízű tésztakrémet.)

A BACON FELTÉTÉHEZ:
- 1/2 csésze főtt és morzsolt szalonna

JUHAR MÁZHOZ:
- 1/2 csésze juharszirup
- 1/4 csésze sótlan vaj
- 1 csésze porcukor

UTASÍTÁS:
CHOUX PÜTEMÉNY:

a) Melegítsd elő a sütőt 190°C-ra, és bélelj ki egy tepsit sütőpapírral.
b) Egy serpenyőben keverjük össze a vizet és a vajat. Közepes lángon addig melegítjük, amíg a vaj elolvad, és a keverék fel nem forr.
c) Levesszük a tűzről, hozzáadjuk a lisztet, és erőteljesen keverjük, amíg golyót nem kapunk.
d) A tésztát hagyjuk hűlni néhány percig, majd egyenként adjuk hozzá a tojásokat, minden hozzáadás után jól felverjük.
e) Tegye át a tésztát egy zsákba, és pipálja az éclairt az előkészített tepsire.
f) Süssük körülbelül 30 percig, vagy amíg aranybarna nem lesz. Hagyjuk kihűlni.

TÖLTŐ:

g) Készítsünk juhar ízű tésztakrémet. Keverje össze a juharszirupot vagy a juharkivonatot egy klasszikus tésztakrém receptben, vagy használjon előre elkészített juharízű tésztakrémet.

h) Töltsük meg az éclaireket a juhar ízű tésztakrémmel egy zsák vagy egy kiskanáll segítségével.

BACON FELTÉTEL:

i) A szalonnát ropogósra főzzük, majd apróra morzsoljuk.
j) A morzsolt bacont bőségesen szórjuk a töltött éclaire-re, így biztosítva az egyenletes fedést.

JUHAR MÁZ:

k) Egy serpenyőben keverjük össze a juharszirupot és a vajat. Közepes lángon melegítsük, amíg a keverék sima nem lesz.
l) Levesszük a tűzről, hozzáadjuk a porcukrot, és addig keverjük, amíg a máz jól össze nem áll.
m) Kenjük meg a juharmázzal a szalonnás éclairet, így biztosítva az egyenletes fedést.
n) Tálalja lehűtve, és élvezze a Maple Bacon Éclair Bites édes és sós ízét!

KÖVETKEZTETÉS

Reméljük, hogy az „ULTIMATE FRANCIA EKLÉR ÚTMUTATÓ"-on keresztüli kellemes utazásunk végén megtapasztalhatta az éclair-készítés művészetének elsajátításának örömét, és saját konyhájában készítheti el ezeket a francia finomságokat. Az ezeken az oldalakon található minden recept annak a precizitásnak, eleganciának és kényeztetésnek az ünnepe, amelyet az éclairs hoznak az Ön asztalára – ékes bizonyítéka annak, hogy mennyire elégedett az otthoni pékáru minőségi eredményekkel.

Akár kóstolgatta a klasszikus csokoládé-éclaire-ket, kísérletezett gyümölcsös variációkkal, akár tökéletesítette a selymes cukrászkrém művészetét, bízunk benne, hogy ezek a receptek és technikák arra inspiráltak, hogy magabiztosan ölelje fel az éclaire világát. Az összetevőkön és lépéseken túl a francia éclaire elkészítésének koncepciója váljon a büszkeség, a kreativitás és az öröm forrásává, hogy megoszthassa ezeket a remek finomságokat családjával és barátaival.

Ha folytatja kulináris utazását, az "ULTIMATE FRANCIA EKLÉR ÚTMUTATÓ" legyen az Ön megbízható társa, amely tudást és inspirációt biztosít Önnek a különféle éclaire elkészítéséhez, amelyek bemutatják képességeit, és párizsi varázst visznek otthonába. Íme, hogy elsajátítsd az éclair-készítés művészetét, és élvezd a siker édes pillanatait – jó étvágyat!

www.ingramcontent.com/pod-product-compliance
Lightning Source LLC
Chambersburg PA
CBHW071301110526
44591CB00010B/742